中学生

法律常识

12讲 上

赵建阳◎编著

中国出版集团

现代出版社

图书在版编目(CIP)数据

中学生法律常识12讲(上)/ 赵建阳编著. —北京：现代出版社，2014.1

ISBN 978-7-5143-2174-6

Ⅰ.①中… Ⅱ.①赵… Ⅲ.①法律课－中学－教学参考资料 Ⅳ.①G634.263

中国版本图书馆 CIP 数据核字(2014)第 049499 号

作　　者	赵建阳	
责任编辑	王敬一	
出版发行	现代出版社	
通讯地址	北京市安定门外安华里 504 号	
邮政编码	100011	
电　　话	010 – 64267325 64245264(传真)	
网　　址	www.1980xd.com	
电子邮箱	xiandai@cnpitc.com.cn	
印　　刷	唐山富达印务有限公司	
开　　本	710mm×1000mm　1/16	
印　　张	16	
版　　次	2014 年 4 月第 1 版　2023 年 5 月第 3 次印刷	
书　　号	ISBN 978-7-5143-2174-6	
定　　价	76.00 元(上下册)	

目 录

第一讲 走近法律

第二讲 明确义务 尊重他人

第三讲 中学生犯罪

第四讲 戒掉不良行为

第五讲 未成年人的社会保护

第一讲　走近法律

第一节　认识法律

一、法律的特征

1. 法律是一种概括、普遍、严谨的行为规范

法律首先是指一种行为规范，所以规范性就是它的首要特性。规范性是指法律为人们的行为提供模式、标准、样式和方向。法律同时还具有概括性，它是人们从大量实际、具体的行为中高度抽象出来的一种行为模式，它的对象是一般的人，是反复适用多次的。法律还具有普遍性，即法律所提供的行为标准是按照法律规定所有公民一概适用的，不允许有法律规定之外的特殊，即要求"法律面前人人平等"。

法律规范不同于其他规范的另一个重要特征是它的严谨性。它有特殊的逻辑构成。构成一个法律的要素有法律原则、法律概念和法律规范。每一个法律规范由行为模式和法律后果两个部分构成。行为模式是指法律为人们的行为所提供的标准和方向。其中行为模式一般有以下三种情况：

（1）可以这样行为，称为授权性规范；

（2）必须这样行为，称为命令性规范；

（3）不许这样行为，称为禁止性规范。

2. 法律是国家制定和认可的行为规范

这是法律来源上的一个重要特征。所谓国家制定和认可是指法律产生的两种方式。国家制定形成的是成文法，国家认可形成的通常是习惯法。

3. 法律是国家确认权利和义务的行为规范

法律所规定的权利和义务，不同于其他社会规范的权利和义务，它是由国家确认或认可和保障的一种关系，这是法律的一个重要特征。

4. 法律是由国家强制力保障实施的行为规范

由于法律是一种国家意志，它的实施就由国家来保障。

二、法律的作用

1. 明示作用

法律的明示作用主要是以法律条文的形式明确告知人们，什么是可以做的，什么是不可以做的，哪些行为是合法的，哪些行为是非法的。违法者将要受到怎样的制裁等。这一作用主要是通过立法和普法工作来实现的。

2. 矫正作用

这一作用主要是通过法律的强制执行力来机械地校正社会行为中所出现的一些偏离了法律轨道的不法行为，使之回归到正常的法律轨道。像法律所针对的一些触犯法律的违法犯罪分子所进行的强制性的法律改造，使之违法行为得到了强制性的矫正。

3. 预防作用

对于法律的预防作用主要是通过法律的明示作用和执法的效力以

及对违法行为进行惩治力度的大小来实现的。法律的明示作用可以使人们知晓法律而明辨是非，即在人们的日常行为中，什么是可以做的，什么是绝对禁止的，触犯了法律应受到的法律制裁是什么，违法后能不能变通，变通的可能性有多少等等。

三、法律的门类

法律最初指国内法，只在一国主权范围内适用。随着国家间交流的频繁，国际法也受到越来越多的人的重视。在经济全球化的今天，国际法和国内法常常发生冲突，也随着冲突逐渐彼此协调。

虽然所有的法律体系处理的议题通常都是很类似甚至是一样的，不同的国家对于各种法律的分类和命名上通常都会不同。最一般的区分为与国家密切相关的"公法"（包括宪法、行政法和刑法）和规范私人间权利义务关系的"私法"（包括合同、侵权行为和物权法）。在大陆法系中，合同法和侵权行为法属于债法的一部分，信托法则在法令制度或国际公约下运作的。国际法、宪法、行政法、刑法、合同法、侵权行为法、物权法与信托法被视为"传统核心课题"，除此之外，还有其他可能更为重要的课题。

1. 国际法

国际法指适用主权国家之间以及其他具有国际人格的实体之间的法律规则的总体。国际法又称国际公法，以区别于国际私法或法律冲突，后者处理的是不同国家的国内法之间的差异。国际法也与国内法截然不同，国内法是一个国家内部的法律，它调整在其管辖范围内的个人及其他法律实体的行为。

2. 国内法

国内法是指由某一国家制定或认可，并在本国主权管辖内生效的法律。国内法包括宪法、民法、诉讼法等。国内法的主体一般是公民、社会组织和国家机关，国家只能在特定法律关系中成为主体。

四、法律体系

法律体系，法学中有时也称为"法的体系"，是指由一国现行的全部法律规范按照不同的法律部门分类组合而形成的一个呈体系化的有机联系的统一整体。法律体系（Legal System）：通常是指一个国家全部现行法律规范分类组合为不同的法律部门而形成的有机联系的统一整体。简单地说，法律体系就是部门法体系。部门法，又称法律部门，是根据一定标准、原则所制定的同类规范的总称。

五、法律制度

法律所指的是一个国家用来规范国家各方管理的一个政策，在法律制度里，包含很多的法规和政策。如何使法律制度能执行到位。主要不是强制性的执行，而是法律制度对自己国家的可行性，也就是说符合人性化的法律制度。

法律制度是指一个国家或地区的所有法律原则和规则的总称。法律制度从宏观角度来说，与法系的概念比较接近。

1. 一国的立法制度与司法制度的总称，即通常所称的"法制"。

2. 法律制度是指运用法律规范来调整各种社会关系时所形成的各种制度。它调整了多少社会关系就包含有多少种具体的法律制度如行政、经济、婚姻家庭、诉讼、教育文化及狭义的法律制度等。法律制度及其相应的法律规范的总和构成法律部门。一国的立法制度与司法制度的总称，即通常所称的"法制"。法律制度从宏观角度来说，与法系的概念比较接近，我们不能把制度等同于法律条文。

六、法律效益

法律效益是指通过立法、执法、诉讼、守法过程中对法律权利资源的最优配置，除去各种成本耗费后，进而实现法律资源使用价值在质上的极优化程度和量上的极大化程度及其所得到的综合效果。用公式表示为：法律效益＝法律收益－法律成本。

从宏观层面看，法律效益包括法律的外部效益和法律的内部效益。法律的外部效益是指法律本身之外的社会各项收益与成本之比，具体包括法律的经济效益、政治效益、文化效益、社会效益、生态效益等；法律的内部效益是指法律自身运转过程中的投入和产出的问题，具体包括立法效益、执法效益、司法效益、诉讼效益、守法效益等。

七、著名法典回顾

1. 唐律

唐代法律的总称。主要是《永徽律》，还包括《武德律》、《贞观律》等法典。唐朝的主要立法有：

（1）武德时期的《武德律》、《武德令》、《武德式》

（2）贞观时期的《贞观律》、《贞观令》、《贞观格》、《贞观式》

（3）永徽时期的《永徽律》、《永徽律疏》

（4）开元时期的《开元律》、《大唐六典》

（5）大中时期的《大中刑律统类》

2. 唐律的发展

《武德律》是唐高祖时以《开皇律》为蓝本所制定的法典，共12篇500条，内容与《开皇律》基本相同，于武德七年（公元624年）颁行。

《贞观律》是唐太宗命房玄龄、裴弘献等人根据《武德律》编撰的法典，共12篇500条，于贞观十一年（公元637年）颁行。

《永徽律》是唐高宗命长孙无忌等人根据《武德律》和《贞观律》编撰的法典，共20篇，502条，篇名依次为名例、卫禁、职制、户婚、厩库、擅兴、贼盗、斗讼、诈伪、捕亡、断狱等，于永徽二年（公元651年）颁行。《永徽律》以保护封建土地所有制，维护封建宗法制度，加强皇帝的权力，统治和镇压农民为主要内容，是中国现存最完备的一部封建法典，全文保存在《唐律疏议》中。

在封建社会，法律是维护封建秩序、维持封建礼教和对人民进行镇压的工具。根据这种原则制定的《唐律》，首先把谋反、谋逆、谋叛等定为"十恶"罪，犯者不得赦、减或赎免。其次，保护封建土地所有权，严禁妄认、盗卖、盗耕公私田。再次，竭力维护各种封建性的等级特权，皇族、官僚、富人犯法可以通过各种方式减刑或免刑，奴婢、部曲犯法则比"凡人"加等论罪。《唐律》还起调整统治阶级内部各集团之间、各成员之间的关系，以及保证统治机构正常运行的作用。

《唐律》是传世的中国古代最早、最完整的一部法典。它对亚洲许多国家产生过显著影响。

3. 拿破仑法典

《拿破仑法典》又称《法国民法典》或《民法典》。《拿破仑法典》是人类历史上资产阶级国家的第一部民法典，原则鲜明，编排合理，逻辑严谨，语言简洁，是世界法制史上的一个里程碑。这部诞生于1804年的法国民法典是法国大革命时期为保卫资产阶级革命的胜利果实而制定的。而且这部法典的立法精神和原则也为后来许多欧洲国家借鉴和效仿。随着拿破仑在欧洲的军事扩张，《拿破仑法典》也被应用到法军所到之处。由于该法典的系统性、完整性和规范性，因而对后来其他资本主义国家的立法产生了巨大影响，起到了立法规范的作用。这部法典至今仍在使用，但100多年来，随着法国社会经济和政治的变化，法典也进行了100多次的修改。

4. 汉谟拉比法典

《汉谟拉比法典》是世界上第一部比较完整的成文法典。法典竭力维护不平等的社会等级制度和奴隶主贵族的利益，比较全面地反映了古巴比伦社会的情况。法典分为序言、正文和结语三部分。正文共有282条，内容包括诉讼程序、保护私产、租佃、债务、高利贷和婚姻家庭等。

《汉谟拉比法典》（英文名称：The Code of Hammurabi）；它刻在一根高2.25米，上周长1.65米，底部周长1.90米的黑色玄武岩柱上，共3500行，正文有282条内容，用阿卡德语写成。它是世界上最古老、最完整的法典。是汉谟拉比为了向神明显示自己的功绩而纂集的。

第二节　中学生必须懂得的几部法律

针对保护未成年人的相关法律笔者将其分为以下两类，并选取以下两类中比较重要的几部常见法律进行细致讲解：

1. 专门保护未成年人与犯罪预防的立法，包括《未成年人保护法》和《预防未成年人犯罪法》。

2. 涉及未成年人保护与犯罪预防内容的其他法律，主要有《宪法》、《民法通则》、《刑法》、《婚姻法》、《收养法》、《妇女权益保障法》、《监狱法》、《教育法》、《义务教育法》、《职业教育法》、《教师法》、《劳动法》、《母婴保健法》、《传染病防治法》、《食品卫生法》、《残疾人保障法》等。

一、《宪法》

（一）学习的目的和意义

宪法是我国的根本大法，中华人民共和国《宪法》是中国共产党领导中国人民进行长期革命斗争的胜利成果的记载和实践经验的总结，是全国各族人民共同遵循的总的章程。四项基本原则是我国现行宪法的总的指导思想。因此，掌握马克思列宁主义、毛泽东思想关于宪法学的基本理论和我国现行宪法的基本内容，增强坚持四项基本原则的信念，提高维护和捍卫宪法的权威和尊严的自觉性，这是最根本的目的和要求。具体有以下几个方面：

1. 明确宪法作为国家根本法在整个法律体系中的地位和作用，从而提高宪法意识，增强宪法观念，自觉遵守宪法。尤其是通过对现行宪法总的指导思想的学习，正确认识和理解坚持四项基本原则的必要性和必然性，以坚定自己的政治信念。

2. 提高对社会主义制度优越性的认识，增强坚持党在社会主义初级阶段的基本路线的自觉性。宪法所涉及的内容都是国家政治生活、经济生活和文化生活中带根本性的重大问题。社会主义制度是中华人民共和国的根本制度，因此，对上述问题的认识必须划清对社会主义和资本主义的根本区别。比如，从经济角度说，要明确为什么必须坚持以公有制为基础而不能以私有制为基础；从政治角度说，为什么必须坚持人民民主专政的国体和人民代表大会制度的政体，而不能模仿西方国家的轮流执政和"三权分立"；从精神文明角度说，为什么必须坚持以马克思主义为指导和社会主义的发展方向等等。对于这些涉及中国现行社会制度和国家制度的最根本和最基本的问题，都必须通过宪法课程的学习，有一个正确的理解和认识。因此，宪法课程既是法律专业课，也是思想政治教育课。

3. 正确理解民主与专政、民主与集中、民主与法制、自由与纪律、权利与义务的关系，从而增强作为国家主人翁的责任感和对建设富强、民主、文明的社会主义现代化国家的紧迫感。民主、自由、平等、权利等，始终是世界各国宪法中最核心、最敏感的问题。然而，民主、自由、平等、权利本身都是一定的科学概念，容不得人们单凭主观意志、随心所欲地加以解释和运用。在资本主义和社会主义两种根本不同的宪政制度下，民主、自由、平等、权利的性质、内容、形式、范围各不相同。即使在社会主义制度下，民主与专政、民主与集中、民主与法制、自由与纪律、权利与义务也都表现为一定的客观规律性。作为一个中华人民共和国公民，应当对上述问题有一个正确的理解和认识。

4. 为学习其他部门法学打基础，为推进宪法科学的发展做出贡献。宪法课程是一门介于法律专业基础课和法律专业课之间的一门学科。说它是法律专业基础课，是因为宪法规定了社会制度和国家制度的基本原则，其内容涉及国家生活的各个方面，而其他部门法的内容则是宪法所确认的原则的延伸和具体化；说它是法律专业课，是因为宪法不仅是法，而且是根本法。它在整个法律体系中处于统帅的地位。因此，可以这样说，就法制体系而言，离开了宪法，就缺少一个根本的基础和依据；就法学体系而言，离开了宪法学，就缺少了一根贯穿始终的主线。

（二）宪法的概念

什么是宪法？要全面地弄清宪法的科学内涵，必须对宪法的法律特征、政治内容和阶级实质作认真的分析。

1. 宪法是国家的根本大法

毛泽东同志曾经指出："一个团体要有一个章程，一个国家也要有一个章程，宪法就是一个总章程，是根本大法。"这就形象地说明了宪法在国家整个法律体系中所处的地位。首先，宪法也是法，它与其他法律一样，具有法的一般特征。其次，宪法是根本法、最高法。因此它与其他法律又有着不同点，有其自身的特点。宪法作为根本法的法律特征，主要有以下三个方面：

（1）在内容上，宪法规定着一个国家有关社会制度和国家制度的一些最基本问题。一般包括国家性质、政治制度、国家结构形式、社会经济制度、公民的基本权利和义务，以及国家机构的组织系统、职责权限、工作原则和制度等。部门法律所规定的内容则只涉及国家生活和社会生活中某一方面的问题。比如，刑法只规定定罪量刑方面的问题；婚姻法只规定婚姻家庭关系方面的问题；诉讼法只规定诉讼程序方面的问题；行政法只规定国家行政管理活动方面的问题等等。惟独宪法从根本原则和根本制度上规范着整个国家的活动。斯大林曾经说过："宪法并不是法律汇编。宪法是根本法，而且仅仅是根本法。"这就是说，宪法作为根本法只能对社会制度和国家制度的根本问题作出原则的规定，而不可能对所有的问题都作出具体而详细的规定。因为国家生活的内容是多方面的，而作为国家根本法的宪法，毕竟篇幅有限，无法对所有问题包罗万象地加以规定。假如任何问题都由宪法作出详尽无遗的规定，那么部门法便失去了存在的必要，也就说不上什么体系了。

当一个阶级取得革命的胜利建立起自己的政权时，之所以要制定宪法，主要目的就在于以国家最高法的形式确认其革命斗争的胜利成果，规划其将来的发展，以巩固本阶级的政治统治，最终实现本阶级的经济利益。因此，近代各立宪国家总是把一国之内带根本性的重大问题明确规定在宪法中。

（2）在法律效力上，宪法在整个法律体系中居于最高的法律地位。我国现行宪法在序言中庄严宣告："本宪法以法律的形式确认了中国各族人民奋斗的成果，规定了国家的根本制度和根本任务，是国家的根本法，具有最高的法律效力。"这便是说，宪法的法律效力高于其他普通法律。这里包含着这样两层意思：①宪法在国家整个法律体系中处在最高地位。它是其他法律的立法基础和依据，其他法律则是宪法确认的基本原则的引申和具体化。一切法律的制定都要以宪法为根据，其内容不得与宪法相违背、相抵触。否则，就构成违宪而丧失效力。违宪的法律必须废止或修改。因此，人们通常把宪法形象地称为"母法"，把其他法律称"子法"，以示其从属关系。②宪法在国家的整个活动中具有最高的权威和尊严。它是一国之内所有组织和个人的最高行为准则。宪法庄严宣告："全国各族人民、一切国家机关和武装力量、各政党和各社会团体、各企业事业组织，都必须以宪法为根本的活动准则，并且负有维护宪法尊严、保证宪法实施的职责。"这一规定表明遵守宪法的毫无例外性及其严肃性。

（3）在制定和修改程序上，宪法较普通法律更为严格。我国《宪法》第 64 条规定："宪法的修改，由全国人民代表大会常务委员会或者 1/5 以上的全国人民代表大会代表提议，并由全国人民代表大会以全体代表的 2/3 以上的多数通过。"而"法律和其他议案由全国人民代表大会以全体代表的过半数通过。"这一规定表明，关于向全国人大提出修改宪法的议案，只能由全国人大常委会或者 1/5 以上的全国人大代表提出，其他任何组织和个人都无权提出修改宪法的议案；而宪法的通过只能由全国人大全体代表进行表决，并得到 2/3 以上的多数票时才有效。我国制定和修改宪法的实践，历次都在最高国家权力机关的领导下，成立了宪法起草委员会和宪法修改委员会等专门的组织机构，主持宪法的制定或修改工作。这些情况都充分证明宪法的制定和修改程序严于普通法律。这一规定既保持了宪法的相对稳定性，又维护了宪法的严肃性和权威性。

2. 宪法是民主政治的制度化、法律化

什么是民主？列宁曾经指出："民主是一种国家形式，一种国家形态。因此，它同任何国家一样，也是有组织、有系统地对人们使用暴力，这是一方面。但另一方面，民主意味着在形式上承认公民一律平等，承认大家都有决定国家制度和管理国家的平等权利。"这就是说，民主是一种国家形式，它总是体现为一定阶级的专政，承认大家都有决定国家制度和管理国家的平等权利。民主政治与历史上出现过的专制政治是相对立的，在人类社会发展的历史上，专制统治曾经经历了奴隶制和封建制这样两个时代。到了封建社会末期，资产阶级进行反封建革命斗争时，按照资本主义商品经济发展的客观要求，在政治上提出了民主宪政的主张。其后，在取得反封建革命斗争的胜利，建立国家政权之时，便通过制定宪法，建立资产阶级的民主专政，实现资产阶级的民主政治。因此，可以作这样的归纳：宪法产生以民主政治为目的。问题只在于实行的是资产阶级民主政治还是社会主义民主政治。

民主宪政不是一个抽象的、超阶级的政治概念。通过资产阶级反封建革命斗争，夺取政权，制定的是确立资产阶级专政制度的宪法，使资产阶级民主政治制度化、法律化。无产阶级通过人民民主革命和社会主义革命斗争，推翻旧政权的反动统治，夺取政权，制定的是确立代表广大劳动人民的无产阶级的民主专政制度，使社会主义民主政治制度化、法律化。两种不同的宪法使两种不同性质的民主政治制度化、法律化。这正是民主宪政的阶级实质所在。

3. 宪法是各种政治力量实际对比关系的表现

列宁深刻指出："宪法的实质在于，国家的一切基本法律和关于选举代议机关的选举权以及代议机关的权限等等的法律，都表现了阶级斗争中各种力量的实际对比关系。"对于列宁的这一论断，可以从以下三个方面去理解：

（1）从宪法的产生过程来看，它总是以阶级斗争为先导的，总是经过了阶级之间的大搏斗、大较量之后，由取得胜利并掌握政权的阶级来制定。没有阶级斗争为先导，专制统治不会自行退出历史舞台，民主宪政也不会从天而降。但单是进行了阶级斗争，而没有在阶级斗争中取得胜利并掌握政权，那也无从通过制定宪法来实现民主政治。被统治阶级之所以能够在阶级斗争中取得胜利并建立自己的政权，其根本原因就在于被统治阶级的力量超过了统治阶级。也就是说，阶级斗争中各种力量的实际对比关系已经发生了有利于被统治阶级的根本性变化。只是资产阶级胜利的结果是制定资产阶级的宪法，无产阶级胜利的结果是制定社会主义类型的宪法。

（2）从宪法所规定的内容来看，宪法必然是根据统治阶级的意志和利益来确认社会各阶级在国家中的地位及其相互关系，确认有利于统治阶级的各项基本制度。因此，可以说，宪法是阶级斗争胜利成果的记载和总结。美国宪法记载和总结了"独立战争"的革命胜利成果，确认了资产阶级的政治统治，并以"私有财产神圣不可侵犯"的原则为标准来规定公民的各项权利和自由。苏联宪法则记载和总结了十月革命的胜利成果，确认了无产阶级的政治统治，规定了广大劳动人民的各项权利和自由，并加以切实保障。并且，阶级斗争的深度和广度还决定着宪法内容的深度和广度。英国资产阶级革命的不彻底性决定了英国宪法从内容到形式至今仍保留着许多与封建王权既斗争又妥协的痕迹。法国 1793 年的《雅各宾宪法》之所以比 1791 年的第一部宪法具有较大的民主性，也是因为前者是在法国资产阶级革命达到顶峰时制定的。而阶级斗争和革命进程的深度和广度，同样取决于斗争中各种力量的实际对比关系。

（3）从宪法的发展变化来看，它是随着各个时期各种政治力量实际对比关系的变化而发展变化的。而各种政治力量的实际对比关系发生变化，宪法也随之发生变化。从这个意义上说，世界上永恒不变的宪法是不存在的。当然，所谓宪法的发展变化也有量变和质变之分。当各种政治力量的实际对比关系没有发生根本性变化，即统治与被统治关系不变的情况下，宪法的部分修改或重新制定都不是一个阶级推翻另一个阶级的统治引起的，因此，宪法的阶级本质也不会改变；当力量对比关系发生了根本性的转折，使一个阶级的统治让位于另一个阶级的统治，旧宪法即被废止，代之而产生的新宪法便反映了社会各阶级力量的新的对比关系。此时，国家的性质发生了变化，宪法的阶级本质也随之而改变。

（三）宪法的地位

宪法是国家的根本大法，有"法律的法律"之称，它规定了国家生活中最根本、最重要的方面，如国家的基本政治、经济和社会制度，国家机构的设置及立法、行政、司法、军事等国家机关组织活动原则，公民的基本权利和义务等等。

在整个国家法律体系中，宪法居于最高地位，具有最高法律效力，是其他法律的母法。作为众法之统帅，宪法具有绝对的权威和最高的法律效力。比如宪法的制定和修改的程序与普通法律的制定和修改的程序就不同，要更为严格。一切法律的制定，都必须以宪法为依据，不得与宪法相抵触，如若抵触则无效。

我国现行宪法是第五届全国人大第五次会议于1982年12月4日通过的。全国各族人民、一切国家机关和武装力量、各政党和社会团体、各企业事业组织，都必须以宪法为根本的活动准则，并且具有维护宪法尊严、保证宪法实施的职责。

宪法与普通法律相比，具有三个特点：

第一，宪法是诸多法律中的一种，也具有法律的一般特点，但它是国家最重要的法律，规定的是国家生活中最根本的、最重大的问题。例如国家制度和社会制度、国家机构及其活动的基本原则、公民的基本权利和义务等。普通法律只规定国家或社会生活某一个方面的问题，例如环境保护其活动的基本原则、公民的基本权利和义务等。普通法律只规定国家或社会生活某一个方面的问题，例如《环境保护法》只规定环境保护和治理方面的问题，《义务教育法》只涉及教育方面的问题。

第二，宪法具有最高的法律效力。这一方面是说宪法在整个国家和社会活动中具有最高权威，是一切组织和个人的活动准则；另一方面是说普通法律的制定要依据宪法的原则和规定，其内容不得与宪法相抵触，否则就没有法律效力，必须修改或者废止，宪法是国家立法活动的基础。

第三，宪法的制定或者修改在程序上比普通法律更为严格，有着特殊的规定。例如有的国家为此要建立专门的机构，有的国家制定或修改宪法要交付全民讨论。

（四）我国《宪法》的基本内容

我国现行的宪法——《中华人民共和国宪法》，是 1982 年 12 月 4 日第五届全国人民代表大会第五次会议通过并公布施行的。《宪法》以法律的形式确认了全国各族人民的奋斗成果，规定了国家的根本制度和根本任务，是国家的根本法，具有最高的法律效力，是我国治国安邦的总章程。

《宪法》的内容十分丰富，对我国国家生活中根本性的重大问题都作了明确规定：

（1）国家总的指导思想和根本任务。我国《宪法》在序言中确立了国家总的指导思想和根本任务，即"我国将长期处于社会主义初级阶段。国家的根本任务是，沿着中国特色社会主义道路，集中力量进行社会主义现代化建设。中国各族人民将继续在中国共产党领导下，在马克思列宁主义、毛泽东思想、邓小平理论和'三个代表'重要思想指引下，坚持人民民主专政，坚持社会主义道路，坚持改革开放，不断完善社会主义的各项制度，发展社会主义市场经济，发展社完善社会主义的各项制度，发展社会主义市场经济，发展社会主义民主，健全社会主义法制，自力更生，艰苦奋斗，逐步实现工业、农业、国防和科学技术的现代化，推动物质文明、政治文明和精神文明协调发展，把我国建设成为富强、民主、文明的社会主义国家。"

（2）国家的性质，即国体。《宪法》第一条第一款规定："中华人民共和国是工人阶级领导的、以工农联盟为基础的人民民主专政的社会主义国家。"这一规定，确立了我国的社会主义性质，确立了工人阶级在国家中的领导地位和以工农联盟为基础的广大人民的主人翁地位。

（3）国家政权的组织形式。《宪法》第二条第一款和第二款规定了我国国家政权的实质和组织形式："中华人民共和国的一切权力属于人民。人民行使国家权力的机关是全国人民代表大会和地方各级人民代表大会。"依据《宪法》，人民代表大会制度是我国根本的政治制度和政权组织形式。国家的一切权力属于人民，人民通过民主选举选派代表组成各级人民代表大会，依法管理国家事务、经济文化事业和社会事务。

（4）我国的所有制和分配制度。根据《宪法》的规定，我国社会主义经济制度的基础是生产资料的社会主义公有制，包括全民所有制和劳动群众集体所有制两种形式，实行"各尽所能，按劳分配"的分配原则。此外还存在着私营经济、个体经济以及中外合资、中外合作和外资企业等经济成分。

（5）国家结构形式。《宪法》规定，我国是统一的多民族国家，各少数民族聚居的地方实行民族区域自治，各民族自治地方都是国家不可分离的部分。这表明我国的国家结构形式是单一制，反映了我国各族人民建立统一国家的共同愿望。

（6）公民的基本权利和义务。根据《宪法》，凡是具有中华人民共和国国籍的人都是中华人民共和国公民。中国公民的基本权利和义务，是青少年必须明确的。公民的基本权利主要包括：①政治权利和自由：平等权，即公民在法律面前人人平等；选举权和被选举权，即年满18周岁的公民，除依照法律被剥夺政治权利的人以外，都有选举权和被选举权；政治自由，即公民有言论、出版、集会、结社、游行、示威的自由。②宗教信仰自由。③人身权利，即公民人身自由、人格尊严和住宅不受侵犯，公民通信自由和通信秘密受法律保护。④社会经济权利，即公民的劳动权、劳动者的休息权和在一定情况下获得国家和社会物质帮助的权利。⑤受教育权利和文化活动的自由，即公民有接受教育的权利和进行科学技术研究、文学艺术创作等文化活动的自由。⑥妇女、儿童、婚姻、家庭受保护权。

公民的基本义务主要包括：①维护国家统一和全国各民族团结的义务。②遵守宪法和法律，保守国家秘密，爱护公共财产，遵守劳动纪律，遵守公共秩序，尊重社会公德的义务。③维护祖国的安全、荣誉和利益的义务。④保卫祖国，依照法律服兵役和参加民兵组织的义务。⑤依照法律纳税的义务。

（7）国家机构。根据《宪法》，我国的国家机构包括：①国家权力机关，即全国人民代表大会和地方各级人民代表大会。②国家主席。③国家行政机关，即国务院和地方各级人民政府。④国家军事机关，即中央军事委员会。⑤国家审判机关，即最高人民法院、地方各级人民法院和专门人民法院。⑥国家检察机关，即最高人民检察院、地方各级人民检察院和专门人民检察院。

（8）《宪法》还规定了我国的国旗、国歌、国徽和首都。青少年是国家未来的希望，建设富强、民主、文明、法治国家的重任将落在我们肩上。因此，青少年一定要从小树立宪法观念，严格遵守宪法，勇于维护宪法，为推进依法治国的进程，做出我们应有的贡献。

二、《民法》

（一）概念

根据《中华人民共和国民法通则》第 2 条从民法的对象和任务角度来看，民法是调整平等民事主体的公民之间、法人之间、公民和法人之间人身关系和财产关系的法律规范的总称，是法律体系中的一个独立的法律部门。

根据《中华人民共和国合同法》第 2 条第 1 款对于合同所进行的概念界定，对民法的定义更为妥当的表述应为：我国民法是调整平等主体的自然人、法人和其他组织之间的财产关系和人身关系的法律规范的总和。

民法既包括形式上的民法（即民法典），也包括单行的民事法律和其他法律、法规中的民事法律规范。

值得注意的是，定义中"自然人"还是"公民"的表述经历三个阶段：《民法通则》中使用："公民"，《合同法》中使用"自然人"，《物权法》中使用"自然人"。

（二）基本原则

1. 民事主体地位平等原则

这一原则是我国《民法通则》第 3 条规定的。平等原则的含义是：民事主体在法律地位上一律平等，享有独立的法律人格。能够自主地表达自己的意志。

按照这一原则，一方面，在民事法律关系中，任何民事主体都是平等的，没有高低贵贱之分，没有领导者和被领导者，没有上下级的隶属关系，即使是国家作为民事主体参加民事活动，也与其他任何民事主体一样，平等地接受民事法律规范的约束，保持平等的民事地位；另一方面，任何民事主体的民事权利受到侵害，也都平等地受到民法的保护。

自然人的人格和法律地位是生而平等的，不分民族、性别、肤色，也不分与其他人的身份关系。法人一经成立，人格、地位完全平等，不分行业、性质、财产状况。在法人和自然人之间，人格、地位完全平等，都是独立的民事主体。在民事活动中，任何以大欺小、以强凌弱、以上欺下的行为，都是违背这一原则的。

2. 自愿、公平、等价有偿、诚实信用原则

我国《民法通则》第4条规定了自愿、公平、等价有偿和诚实信用原则。

民事活动的自愿原则就是自治原则，其含义是：民事主体在实施民事活动时，有充分表达自己真实意志的自由，根据自己的意愿，设立、变更和终止某种民事法律关系。其实质就在于这一原则是对民事主体的独立意思在民事活动中的支配地位的法律确认，它赋予了民事主体在法律规定的范围内所享有的广泛自由。

意思自治原则在以下三个方面具有独特的内涵：第一，意思自治原则是个人主义、自由主义哲学思潮在法律上的直接产物，社会成员依照自己的理性判断，按照自己的意志管理自己的事务，体现个人的自由；第二，意思自治是指私法自治，不是指公法自治，私法的主体有权实施私法行为，并对自己的私法行为独立负责，在不违反强行法的前提下，私法主体自愿达成的协议优于私法的适用；第三，在涉外法律适用上，意思自治原则是指当事人有权协商选择处理纠纷所适用的准据法。应当看到的是，意思自治原则是发展到一定阶段的商品经济对民事法律的客观要求，符合资本主义发展时期的需要。在现阶段，意思自治原则的地位受到国家干预主义的挑战。将意思自治原则限制在法律允许的范围之内，就较好地处理了意思自治原则与国家干预主义之间的矛盾。

公平原则是道德规范的法律化，是民法所追求的民事活动的理想境界。其含义有二：一是社会必须给每一个民事主体的自由发展提供

公平的机会，并为其提供相应的保障和条件；二是民事主体在交易中应当遵循普遍公认的行为准则，在谋取自己的利益时，接受社会利益和社会义务的约束。这一原则要求：第一，民事主体在实施民事活动时，应当以公平的观念约束自己，进行活动，正当地行使权利和履行义务；第二，在民事活动中，还要按照公平观念，兼顾他人的利益和社会的利益，不能只顾自己利益而忽视或者侵害他人的和社会的利益；第三，司法机关在处理民事纠纷时，应当根据公平原则，既要合法又要公平合理。

等价有偿原则，是公平原则在财产性质的民事活动中的体现，是指民事主体在实施转移财产等的民事活动中要实行等价交换，取得一项权利的同时应当向对方履行相应的义务，不得无偿占有、剥夺他方的财产，不得非法侵害他方的利益，在造成他方损害的时候。应当等价赔偿。现代民法对等价有偿提出挑战，认为在民事活动中很多时候并不是等价有偿进行的，因而等价有偿原则只是一个相对性的原则，不能绝对化。

诚实信用原则，是民法基本原则中非常重要的原则。它有两种基本的含义：第一，民事主体在从事民事活动中，应当诚实不欺、恪守诺言、注重信用，要以善意的方式行使权利和履行义务；第二，法官在实践中遇有法律规定不足，可以依据诚实信用原则公平合理地处理纠纷。这一原则的作用，在于维持信任和信用，创造良好的交易秩序，将市场经济的道德规则法律化。同时，赋予法官以一定的自由裁量和衡平处理的权力。

3. 保护民事主体合法权益原则

保护民事主体的合法权益，既是我国民法的宗旨，也是我国民法的基本原则。民法是一部民事权利法，它不仅要赋予民事主体权利，同时还要保护民事主体的权利。如果只赋予权利而不对权利进行有效保护，任何权利都只能是一种"宣言"，而不能成为实际享有的现实权利。

我国民法特别强调民事责任对民事主体合法权益保护的重要作用，在《民法通则》中设专章规定民事责任，规定民事责任的基本规则，规定违约的民事责任和侵权的民事责任，突出保护民事权利。在正在起草的民法典草案中，将侵权责任法单独列为一编，并且放在规定权利的分则各编之后，突出其权利保护法的地位，也是为了突出民法对民事主体合法权益的保护。

适用这一原则还要特别注意一点，就是这一原则具有补充民事权利的立法不足的作用。在民事立法中，规定民事权利不可能穷尽，这是因为社会在发展，权利的观念也在发展，在立法之初，有些不认为是民事权利的利益，在日后的发展中有可能发展成为民事权利。在这时，根据这一原则就可以对这种权利予以保护，而不能借口法律对这种权利没有明文规定而不予保护。例如，《民法通则》没有规定隐私权和人身自由权，这只能说明立法当时对这种权利还没有认识，但是认为《民法通则》对此没有明文规定而对这两种权利不予保护，就违背这一原则的基本精神。

4．遵守法律和国家政策原则

我国《民法通则》第6条规定：民事活动必须遵守法律和国家政策。民事活动应当贯彻意思自治原则，自愿进行，这正是私法自治原则的精髓。但是，自愿实施民事活动也必须遵守法律，不能违反法律的强行性规定而任意为之。如果违反法律，不仅民事主体不能实现其实施民事行为的目的，而且法律还要对其进行追究。

在法律没有规定时，民事活动应当遵守国家政策。任何法律都不可能穷尽一切社会生活现象，同时，我国的民法建设还远远没到完备的程度，因此，国家政策对法律有重要的补充作用。在民事活动中，应当有法律规定就遵守法律规定，没有法律规定就遵守政策。

在法律和国家政策都没有规定时，应当依据习惯和法理从事民事活动，并把习惯和法理作为判断民事行为是否合法的依据。

5. 维护国家和社会公共利益原则

维护国家和社会公共利益原则通常可理解为"公共秩序和善良风俗原则"，简称为公序良俗原则。这是传统民法中的一项重要概念和基本原则。一般认为，公共秩序是指国家、社会的存在和发展所必需的一般秩序，体现国家和社会的一般利益。善良风俗为国家和社会存在和发展所必需的一般道德，体现行为人的一般行为准则。国家通过公序良俗原则的要求，确立民法的一般条款，要求民事主体遵守公序良俗，授权法官在审判活动中针对个案进行价值补充，求得判决的社会妥当性。

在实践上，公序良俗原则具有弥补强行法与禁止性规定不足的作用，以禁止现行法上未作禁止性规定的事项；具有限制意思自治原则适用的作用，使行为人不得任意实施民事行为，具有确保社会正义和伦理秩序的作用，以创造理想的民法秩序。

6. 案例分析

未成年人也享有肖像权吗？

小雨作为学校舞蹈队的成员，经常代表学校参加市区等有关部门举办的文艺宣传活动和一些舞蹈比赛。由于富有表演天分，加上在课余也刻苦训练，小雨还获得过一次省级的舞蹈比赛奖项，有关报纸对此作了报道，还配发了一张"小雨向上甩出秀发姿态"的现场表演的照片。有一天，阿海拿着一份某舞蹈培训中心招生的宣传广告找到小雨说："小雨，你上了报纸成了名人，什么时候开始做广告了？"小雨一看，上次刊登在报纸上的那张舞蹈表演的照片，竟然印刷在舞蹈培训中心的招生广告彩页上，作为该培训中心的经营业绩介绍。"可是，我没有在这家舞蹈培训中心培训过，舞蹈中心也没有找我说过做广告的事情啊。"小雨很气愤。阿海听了，觉得舞蹈中心的做法不对，但又说不清错在哪里。那么舞蹈中心的做法到底是对还是错呢？如果是错的，小雨可以采取什么措施维护自己的利益呢？

分析：我们长得怎么样，不是父母决定的吗？对于我们这张脸，难道我们还享有什么权利吗？我们的这张脸，叫做肖像。容貌肖像，往往是一个人最显著的特征，是一个人区别于他人的重要因素。肖像总是为每一个人所特有。所谓肖像权，是指公民对自己肖像享有利益而排斥他人侵犯的一种人身权益。一方面公民只可以对自己的肖像带来的利益进行收取；另一方面公民有排斥他人侵犯自己肖像权的权利。侵犯他人肖像权的行为，就是没有经过本人同意，占有、再现或使用他人肖像，特别是以营利为目的，擅自出售他人肖像或以他人肖像作为广告的行为。要认定某一行为是否侵犯了公民的肖像权，只要根据两点便可确认：一是使用公民肖像未经本人同意；二是使用公民肖像的目的是营利。侵犯他人肖像权，便要承担民事责任，《民法通则》第一百二十条第一款规定："公民的姓名权、肖像权、名誉权、荣誉权受到侵害的，有权要求停止侵害，恢复名誉，消除影响，赔礼道歉，并可要求赔偿损失。"在这一点上，未成年人与成年人的肖像权应该受到同等程度的保护。在本案中，小雨和阿海提出的这个问题就是属于公民肖像权的问题。在这个案例中，某舞蹈中心作为以营利为目的的单位，在没有征得小雨同意的情况下，为了招生将小雨的照片用于广告宣传，这种行为侵害了小雨的肖像权，当然是错误的。小雨虽然是未成年人，但是其依然有权要求该舞蹈培训中心停止侵害，消除影响，赔礼道歉，甚至要求舞蹈中心赔偿损失。

（三）民法的基本性质

1. 民法是私法

公法和私法是历史上对法律性质的基本划分。调整公的行为即国家的行为的法律是公法，调整私的行为即个体行为的法律是私法。改革开放之前，我国法学界按照苏联法学理论的做法，否认公法、私法的划分，认为调整计划经济关系的民法也是公法性质的法律，因而不存在私法的概念。由于这种观点不能正确界定部门法律的性质，混淆了公法和私法的界限，也与世界各国法律划分的标准不相协调，因而经过拨乱反正，恢复了对公法私法性质进行划分的做法，确立了民法为私法的观念，认为中国现行的经济体制是社会主义市场经济，在经济活动中主要依靠的是经济规律来调整商品生产者和经营者以及个人的活动；国家对市场经济的干预，对个体行为的干预。都是通过事前规范行为标准的方法即事前调整的方法进行的，事后调整不是主要的调整方式；商品经营者和生产者以及个体在市场经济中，还是依照自己的意志依法实施民事行为。因而民法的性质仍然是私法而不是公法。

2. 民法是人法

民法对社会关系的调整，是通过调整人的行为的方式进行的，因此，民法以人为本，以人作为自己的基本出发点，规定自然人和法人的根本地位，确定合理的人性观点，依公平正义的观念来规范人的行为，建立和谐的人际社会。在国家的法律体系中，其他法律也都涉及人的问题，例如刑法、行政法都是把人作为管理对象，说到法律后果，都是把人作为制裁、惩罚的对象，虽然说对犯罪人和违法行为人的惩罚、制裁也是保护更多的人的权利和利益，但是更重要的还是对社会秩序的调整。而民法的基本内容就是对人的关系的调整，以及对人的权利和利益的保护，把人作为社会的中心。因此，民法就是人法。

3. 民法是权利法

民法的基本内容是规定民事主体的民事权利，规定民事权利行使的规则，规定对民事权利的保护。《民法通则》开宗明义就规定其立法宗旨是"保障公民、法人的合法的民事权利的保护。《民法通则》开宗明义就规定其立法宗旨是"保障公民、法人的合法的民事权益"。

整个一部民法，就是一部民事权利法，是一部以权利为中心的法律。民法之所以是一部民事权利法，就在于整部法律的内容基本上是授权性法律规范，即授予民事主体人格权、身份权、物权、债权等权利，并鼓励民事主体行使自己的权利，鼓励其在自己的权利受到损害的时候敢于依法寻求法律保护。因而，民法与主要是禁止性法律规范的刑法形成鲜明的对比。

（四）民法的基本分类

作为一个法律概念，民法有实质意义与形式意义之分。

1. 实质意义的民法

实质意义的民法是指作为部门法的民法。实质意义的民法又有广义民法与狭义民法之分。

（1）广义民法是指调整平等主体之间的财产关系和人身关系的法律规范的总称，也就是私法的全部。因此，凡调整平等主体之间的财产关系和人身关系的法律规范，不论其以何种形式表现出来，均属于民法的范畴。

（2）狭义的民法，在民商分立的国家，指商法以外的私法。

在我国由于采民商合一的立法例，商法并非作为一个独立的法律部门，因此，实质意义的民法是指广义的民法。

2. 形式意义的民法

形式意义的民法是指以一定体例编纂的并以民法命名的成文法典。

由于我国民法典尚未编纂，所以严格地说，我国还没有形式意义的民法。但因我国《民法通则》是一部民事基本法，规范民事活动的基本准则，因此，也可以说《民法通则》就是形式意义上的民法。

（五）主体和客体

1. 民事法律关系主体

民事法律关系主体是指民事法律关系中享受权利，承担义务的当事人和参与者，包括自然人、法人和其他组织。

（1）自然人

自然人不仅包括公民，还包括外国人和无国籍人。

自然人作为民事主体的一种，能否通过自己的行为取得民事权利、承担民事义务，取决于其是否具有民事行为能力。所谓民事行为能力，是指民事主体通过自己的行为取得民事权利、承担民事义务的资格。民事行为能力分为完全民事行为能力、限制民事行为能力和无民事行为能力三种：

①完全民事行为能力

18周岁以上的公民是成年人，具有完全民事行为能力，可以独立进行民事活动，是完全民事行为能力人。16周岁以上不满18周岁的公民，以自己的劳动收入为主要生活来源的，视为完全民事行为能力人。

司法解释又补充道，以自己的劳动收入为主要生活来源且能保持当地生活水平的一般状态。

②限制民事行为能力

10周岁以上的未成年人是限制民事行为能力人，可以进行与他的年龄、智力相适应的民事活动；其他民事活动由他的法定代理人代理，或者征得他的法定代理人的同意。

不能完全辨认自己行为的精神病人是限制民事行为能力人，可以进行与他的精神健康状况相适应的民事活动；其他民事活动由他的法定代理人代理，或者征得他的法定代理人的同意。

③无民事行为能力

不满10周岁的未成年人是无民事行为能力人，由他的法定代理人代理民事活动。

不能辨认自己行为的精神病人是无民事行为能力人，由他的法定代理人代理民事活动。

(2) 法人

法人应当具备四个条件:

a. 依法成立;

b. 有必要的财产或者经费;

c. 有自己的名称、组织机构和场所;

d. 能够独立承担民事责任。

2. 民事法律关系客体

民事法律关系客体,是指民事法律关系之间权利和义务所指向的对象。

种类包括:其实总的来说民事法律关系的客体只有行为一种,但如果真的是如此则没有太大的实际意义。故具体的民事法律关系的客体为物、行为、智力成果、商业标志以及人身权益权利五类。

3. 民事法律关系内容

例如,A 建筑公司(施工单位)与 B 开发公司(建设单位)签订了一个施工承包合同,由 A 建筑公司承建一个 20 层的办公楼。合同中约定开工日期为 2007 年 4 月 8 日,竣工日期为 2008 年 8 月 8 日。每月 26 日,按照当月所完成的工程量,B 开发公司向 A 建筑公司支付工程进度款。这个法律关系的构成要素如下:

(1) 主体:

A 建筑公司、B 开发公司

(2) 客体:

办公楼、工程款

(3) 内容:

①A 建筑公司按期开工、按期竣工并提交合格工程

②B 开发公司按合同约定支付工程进度款。

（六）民法的作用

民法是规范社会生活的重要法律，是调整社会主义市场经济的基本法律。正如恩格斯所指出的，民法乃是" 以法律形式表现了社会经济生活条件的准则"。它具有极其重要的功能：

1. 民法可以为现代化市场经济提供一般规则和市场活动的行为规范，使市场参与者在这些规则允许的范围内各显神通，开拓进取，创造最佳业绩，促进社会主义市场经济的发展。

2. 民法可以为人权提供基本保障。人权是人按其本质属性享有和应当享有的权利。民法实质上是权利法。它首先给人的人格权、人身权、财产权等基本权利以规定和保护，为其他权利包括政治权利和经济、社会、文化权利的保护提供基础。

3. 民法可以维护社会公平正义。民法体现着社会公平和社会正义。它调节着各种利益，保护人们合法地谋求自己的利益，不允许侵害社会和他人的弱肉强食，谋取非法利益。

4. 民法可以促进民主政治。民法是私法。它要求私法与公法、民事生活和政治生活区分开来。私法自治原则不仅有利于抑制行政专横和行政过度干预，而且有利于经济基础的发展。这必将从客观上推动民主政治的发展。

三、《刑法》

（一）刑法的概念

我国刑法理论通常是从刑法的阶级本质和基本内容两个方面来理解刑法概念的，对刑法的通常定义为：刑法是掌握政权的统治阶级为了维护其统治秩序，以国家名义制定并颁布的关于犯罪及其刑事责任和刑罚的法律规范的总称。这一定义从以下两个方面提示了刑法概念的内涵：

1. 刑法是由掌握国家政权的统治阶级为维护有利于自己的统治秩序而制定的，是统治阶级意志和利益的体现，这便是刑法的阶级本质。马克思主义法学认为，法律是一个历史的范畴，是适应阶级斗争需要伴随着国家的产生而产生的。刑法作为法律体系中一个重要的法律部门，具有同其他法律相同的阶级性质，而且历来成为统治阶级维护其统治秩序的重要法律工具。在奴隶社会和封建社会，刑法的阶级性质直接地反映在刑法的规定中，刑法赤裸裸地执行着对被统治阶级的镇压职能。在近现代资本主义社会，随着宪政制度的确立和法治秩序的逐步建立，法律的不平等为形式上的平等所取代，刑法在内容上一般不再直接反映阶级的不平等。但是，由于资本主义法律所维护的是以经济上不平等为特征的资本主义生产关系，刑法不可避免地打上了阶级的烙印，从根本上说，它是资产阶级意志和利益的体现。我国社会主义类型的刑法，是建立在以生产资料公有制为主体的社会主义经济基础之上的，是广大人民群众意志和利益的体现。可以预言，随着人类社会的不断发展与进步，刑法的阶级性质将逐步消弱，而其社会公共职能将日益增强。

2. 刑法规定的是犯罪、刑事责任和刑罚，即规定什么行为是犯罪，构成犯罪应符合哪些条件；不同形态、不同种类的犯罪各自负怎样的刑事责任；如何运用刑罚惩罚犯罪。这便是刑法的基本内容。

（二）刑法的立法目的

我国刑法是"为了惩罚犯罪，保护人民"而制定，这便是我国刑法的立法目的。惩罚犯罪和保护人民是密切联系、有机统一的。惩罚犯罪是手段，保护人民是目的。惩罚犯罪，即通过制定刑法为追究犯罪分子的刑事责任提供法律武器和依据。而保护人民，即一方面通过制定刑法，运用刑法惩罚犯罪，起到规范人们的行为，预防犯罪的作用，以保护人民的各项合法权益，保护代表人民根本利益的国家政权和社会主义制度；另一方面通过制定刑法，明确定罪处刑的法律标准，防止司法工作人员违背人民意志滥用刑事司法权侵犯公民的权利，以保障人民群众的合法权益不受刑事司法权的侵犯。刑法的立法目的集中地反映了我国刑法的阶级性质，表明我国刑法是阶级性与人民性的高度统一。这也是我国刑法与一切剥削阶级国家刑法的根本区别之所在。

案例警告：未成年人犯罪也有判刑

依据2000年12月17日晚，户县15岁少年王某为图好玩竟想制造火灾；他先将一堆麦草点燃，但因火势较小没有引起他人注意。又窜到同村张某家老屋处，用火点燃一把干麦塞入门洞引起大火后，王某便躲在暗处观看村民救火。火越烧越大，烧毁了房屋，烧死了一头耕牛和一些用具，损失达7000余元。法院鉴于王某未成年，遂依法作出减轻处罚判决。判处王某有期徒刑8个月，其父母赔偿受害人的全部经济损失7000余元。

案例解析：

根据本案的结果，我们对做出以下三个难点的解析。

1. 如何确定未成年人刑事责任的年龄？未成年人犯罪，是指已满14周岁不满18周岁的人实施了法律规定的犯罪行为。实施犯罪时的年龄，一律按照公历的年、月、日计算。过了周岁生日，从第二天起，为已满××周岁。

2. 未成年人犯罪是否负刑事责任？我国《刑法》第17条规定：已满16周岁的人犯罪，应当负刑事责任。已满14周岁不满16周岁的人，犯故意杀人、故意伤害致人重伤或者死亡、强奸、抢劫、贩卖毒品、放火、爆炸、投毒罪的，应当负刑事责任。已满14周岁不满18周岁的人犯罪，应当从轻或者减轻处罚。因不满16周岁不予刑事处罚的，责令他的家长或者监护人加以管教；在必要的时候，也可以由政府收容教养。

3. 未成年人刑事案件附带民事诉讼的赔偿范围、原则是什么？未成年人刑事案件附带民事诉讼的赔偿范围、原则与成年人刑事案件相同。赔偿责任一般应当由未成年被告人的监护人承担。未成年被告人有个人财产的，应当由本人承担赔偿责任，不足部分由监护人予以赔偿，但单位担任监护人的除外。

四、《交通安全法》

中华人民共和国道路交通安全法是为了维护道路交通秩序，预防和减少交通事故，保护人身安全，保护公民、法人和其他组织的财产安全及其他合法权益，提高通行效率，而制定的。2003 年 10 月 28 日第十届全国人民代表大会常务委员会第五次会议通过。根据 2007 年 12 月 29 日第十届全国人民代表大会常务委员会第三十一次会议《关于修改〈中华人民共和国道路交通安全法〉的决定》第一次修正。根据 2011 年 4 月 22 日第十一届全国人民代表大会常务委员会第二十次会议《关于修改〈中华人民共和国道路交通安全法〉的决定》第二次修正。

（一）道路交通法规的概念和作用

1. 道路交通法规的概念

道路交通法规是指国家权力机关和行政机关颁发的有关道路交通管理的专门的法律法规、规章、技术规范和标准，也包括其他法律法规中涉及道路交通活动的相关规定。它是由国家法律、行政法规、部门规章、地方性法规和规章四个层次组成的法律体系。道路交通法规是实施道路交通管理的法律、法规依据，其效力依制定主体的不同而不同，在其制定机关的权限范围内有效。

2. 道路交通法规的作用

概括地说，道路交通法规的作用主要有三点，即保护交通参与者的合法权益，保障道路交通安全、畅通和有序，保障道路交通管理的发展方向和依法行政。

案例警告

家住桐梓县新站镇的老汉张某，与邻居林某一起带着4个还在读小学的孩子，准备乘坐重庆开往贵阳的火车。4月7日晚上9时许，他们每个人携带着一个提包走进了川黔桐梓火车站，在"三品"检查处，执勤民警发现，他们的提包内藏有大量鞭炮，于是分别开包进行检查，结果将4500响鞭炮全部查获。10日早上8时许，贵阳火车站派出所民警在工作中又将一名84岁的老太太冉某查获，冉某的行李中居然携带有鞭炮多达4000响。12日晚上8时许，一名民警在贵昆线六枝火车站巡查中截获一名男子，该男子的行李中藏有闪光鞭炮1000响。上述3起案件查获后，民警立即将鞭炮转移到了安全地方。

第48条　机动车载运爆炸物品、易燃易爆化学物品以及剧毒、放射性等危险物品，应当经公安机关批准后，按指定的时间、路线、速度行驶，悬挂警示标志并采取必要的安全措施。

第66条　乘车人不得携带易燃易爆等危险物品，不得向车外抛撒物品，不得有影响驾驶人安全驾驶的行为。

因此本案例违反了《道路交通安全法》已经被警方做出了相应的教育处罚。

五、新《义务教育法》

（一）基本概念及来源

1986年4月12日，第六届全国人民代表大会第四次会议审议通过了《中华人民共和国义务教育法》（以下简称《义务教育法》），以国家立法的形式确保我国九年制义务教育的实施，是我国义务教育领域法制建设的崭新起点 20 年来，1986 年颁布的《义务教育法》（以下简称旧《义务教育法》、旧法）作为我国义务教育普及与实施的重要法律依据与执行准则，为切实保障我国义务教育的全而实施，推动我国基础教育事业的健康发展，作出了重大贡献。

然而，时移事易，在时代迈入 21 世纪之际，无论是一般民众对义务教育的理解与认识，还是社会各界对义务教育的要求与期望，较之制定旧《义务教育法》的时期，都有了较大的不同与改变为了使《义务教育法》能承担起推动与促进 21 世纪我国义务教育发展的重任，对旧法进行修订，并出台一部符合新的历史时期需要、更具权威性和可操作性的新的《义务教育法》，已成为国家有关部门的一项重要议事日程。经我国政府有关部门的多次商议和探讨，2006 年 6 月 29 日，第十届全国人民代表大会常务委员会第二十二次会议终于通过了对旧《义务教育法》的修订，并同时由中华人民共和国主席令第五十二号公布，而修订后的《义务教育法》（以下简称新《义务教育法》新法）亦自 2006 年 9 月 1 日起正式施行。

（二）具体内容

《义务教育法》是未成年人必修法律之一，同时也是必修法律之中最重要的一部分，法律中处处透露着日常可见的行为，并给予了必要的法律规范，因此笔者引用了新《义务教育法》全篇内容希望同学们可以仔细学习。

第一章　总则　第一条　为了保障适龄儿童、少年接受义务教育的权利，保证义务教育的实施，提高全民族素质，根据宪法和教育法，制定本法。

第二条　国家实行九年义务教育制度。义务教育是国家统一实施的所有适龄儿童、少年必须接受的教育，是国家必须予以保障的公性事业。实施义务教育，不收学费、杂费。国家建立义务教育经费保障机制，保证义务教育制度实施。

第三条　义务教育必须贯彻国家的教育方针，实施素质教育，提高教育质量，使适龄儿童、少年在品德、智力、体质等方面全面发展，为培养有理想、有道德、有文化、有纪律的社会主义建设者和接班人奠定基础。

第四条　凡具有中华人民共和国国籍的适龄儿童、少年，不分性别、民族、种族、家庭财产状况、宗教信仰等，依法享有平等接受义务教育的权利，并履行接受义务教育的义务。

第五条　各级人民政府及其有关部门应当履行本法规定的各项职责，保障适龄儿童、少年接受义务教育的权利。适龄儿童、少年的父母或者其他法定监护人应当依法保证其按时入学接受并完成义务教育。依法实施义务教育的学校应当按照规定标准完成教育教学任务，保证教育教学质量。社会组织和个人应当为适龄儿童、少年接受义务教育创造良好的环境。

第六条　国务院和县级以上地方人民政府应当合理配置教育资源，促进义务教育均衡发展，改善薄弱学校的办学条件，并采取措施，保障农村地区、民族地区实施义务教育，保障家庭经济困难的和残疾的适龄儿童、少年接受义务教育。国家组织和鼓励经济发达地区支援经济欠发达地区实施义务教育。

第七条　义务教育实行国务院领导，省、自治区、直辖市人民政府统筹规划实施，县级人民政府为主管理的体制。县级以上人民政府教育行政部门具体负责义务教育实施工作；县级以上人民政府其他有关部门在各自的职责范围内负责义务教育实施工作。

第八条　人民政府教育督导机构对义务教育工作执行法律法规情况、教育教学质量以及义务教育均衡发展状况等进行督导，督导报告向社会公布。

第九条　任何社会组织或者个人有权对违反本法的行为向有关国家机关提出检举或者控告。发生违反本法的重大事件，妨碍义务教育实施，造成重大社会影响的，负有领导责任的人民政府或者人民政府教育行政部门负责人应当引咎辞职。

第十条　对在义务教育实施工作中做出突出贡献的社会组织和个人，各级人民政府及其有关部门按照有关规定给予表彰、奖励。

第二章　学生　第十一条　凡年满六周岁的儿童，其父母或者其他法定监护人应当送其入学接受并完成义务教育；条件不具备的地区的儿童，可以推迟到七周岁。

适龄儿童、少年因身体状况需要延缓入学或者休学的，其父母或者其他法定监护人应当提出申请，由当地乡镇人民政府或者县级人民政府教育行政部门批准。

第十二条　适龄儿童、少年免试入学。地方各级人民政府应当保障适龄儿童、少年在户籍所在地学校就近入学。父母或者其他法定监护人在非户籍所在地工作或者居住的适龄儿童、少年，在其父母或者其他法定监护人工作或者居住地接受义务教育的，当地人民政府应当为其提供平等接受义务教育的条件。具体办法由省、自治区、直辖市规定。县级人民政府教育行政部门对本行政区域内的军人子女接受义务教育予以保障。

第十三条　县级人民政府教育行政部门和乡镇人民政府组织和督促适龄儿童、少年入学，帮助解决适龄儿童、少年接受义务教育的困难，采取措施防止适龄儿童、少年辍学。

居民委员会和村民委员会协助政府做好工作，督促适龄儿童、少年入学。

第十四条　禁止用人单位招用应当接受义务教育的适龄儿童、少年。根据国家有关规定经批准招收适龄儿童、少年进行文艺、体育等专业训练的社会组织，应当保证所招收的适龄儿童、少年接受义务教育；自行实施义务教育的，应当经县级人民政府教育行政部门批准。

第三章　学校　第十五条　县级以上地方人民政府根据本行政区域内居住的适龄儿童、少年的数量和分布状况等因素，按照国家有关规定，制定、调整学校设置规划。新建居民区需要设置学校的，应当与居民区的建设同步进行。

第十六条　学校建设，应当符合国家规定的办学标准，适应教育教学需要；应当符合国家规定的选址要求和建设标准，确保学生和教职工安全。

第十七条　县级人民政府根据需要设置寄宿制学校，保障居住分散的适龄儿童、少年入学接受义务教育。

第十八条　国务院教育行政部门和省、自治区、直辖市人民政府根据需要，在经济发达地区设置接收少数民族适龄儿童、少年的学校（班）。

第十九条　县级以上地方人民政府根据需要设置相应的实施特殊教育的学校（班），对视力残疾、听力语言残疾和智力残疾的适龄儿童、少年实施义务教育。特殊教育学校（班）应当具备适应残疾儿童、少年学习、康复、生活特点的场所和设施。普通学校应当接收具有接受普通教育能力的残疾适龄儿童、少年随班就读，并为其学习、康复提供帮助。

第二十条　县级以上地方人民政府根据需要，为具有预防未成年人犯罪法规定的严重不良行为的适龄少年设置专门的学校实施义务教育。

第二十一条　对未完成义务教育的未成年犯和被采取强制性教育措施的未成年人应当进行义务教育，所需经费由人民政府予以保障。

第二十二条　县级以上人民政府及其教育行政部门应当促进学校均衡发展，缩小学校之间办学条件的差距，不得将学校分为重点学校和非重点学校。学校不得分设重点班和非重点班。县级以上人民政府及其教育行政部门不得以任何名义改变或者变相改变公办学校的性质。

第二十三条　各级人民政府及其有关部门依法维护学校周边秩序，保护学生、教师、学校的合法权益，为学校提供安全保障。

第二十四条　学校应当建立、健全安全制度和应急机制，对学生进行安全教育，加强管理，及时消除隐患，预防发生事故。县级以上地方人民政府定期对学校校舍安全进行检查；对需要维修、改造的，及时予以维修、改造。学校不得聘用曾经因故意犯罪被依法剥夺政治权利或者其他不适合从事义务教育工作的人担任工作人员。

第二十五条　学校不得违反国家规定收取费用，不得以向学生推销或者变相推销商品、服务等方式谋取利益。

第二十六条　学校实行校长负责制。校长应当符合国家规定的任职条件。校长由县级人民政府教育行政部门依法聘任。

第二十七条　对违反学校管理制度的学生，学校应当予以批评教育，不得开除。

第四章　教师　第二十八条　教师享有法律规定的权利，履行法律规定的义务，应当为人师表，忠诚于人民的教育事业。全社会应当尊重教师。

第二十九条　教师在教育教学中应当平等对待学生，关注学生的个体差异，因材施教，促进学生的充分发展。教师应当尊重学生的人格，不得歧视学生，不得对学生实施体罚、变相体罚或者其他侮辱人格尊严的行为，不得侵犯学生合法权益。

第三十条　教师应当取得国家规定的教师资格。国家建立统一的义务教育教师职务制度。教师职务分为初级职务、中级职务和高级职务。

第三十一条 各级人民政府保障教师工资福利和社会保险待遇，改善教师工作和生活条件；完善农村教师工资经费保障机制。教师的平均工资水平应当不低于当地公务员的平均工资水平。特殊教育教师享有特殊岗位补助津贴。在民族地区和边远贫困地区工作的教师享有艰苦贫困地区补助津贴。

第三十二条 县级以上人民政府应当加强教师培养工作，采取措施发展教师教育。

县级人民政府教育行政部门应当均衡配置本行政区域内学校师资力量，组织校长、教师的培训和流动，加强对薄弱学校的建设。

第三十三条 国务院和地方各级人民政府鼓励和支持城市学校教师和高等学校毕业生到农村地区、民族地区从事义务教育工作。国家鼓励高等学校毕业生以志愿者的方式到农村地区、民族地区缺乏教师的学校任教。县级人民政府教育行政部门依法认定其教师资格，其教时间计入工龄。

第五章 教育教学 第三十四条 教育教学工作应当符合教育规律和学生身心发展特点，面向全体学生，教书育人，将德育、智育、体育、美育等有机统一在教育教学活动中，注重培养学生独立思考能力、创新能力和实践能力，促进学生全面发展。

第三十五条 国务院教育行政部门根据适龄儿童、少年身心发展的状况和实际情况，确定教学制度、教育教学内容和课程设置，改革考试制度，并改进高级中等学校招生办法，推进实施素质教育。学校和教师按照确定的教育教学内容和课程设置开展教育教学活动，保证达到国家规定的基本质量要求。国家鼓励学校和教师采用启发式教育等教育教学方法，提高教育教学质量。

第三十六条 学校应当把德育放在首位，寓德育于教育教学之中，开展与学生年龄相适应的社会实践活动，形成学校、家庭、社会相互配合的思想道德教育体系，促进学生养成良好的思想品德和行为习惯。

第三十七条　学校应当保证学生的课外活动时间，组织开展文化娱乐等课外活动。社会公共文化体育设施应当为学校开展课外活动提供便利。

第三十八条　教科书根据国家教育方针和课程标准编写，内容力求精简，精选必备的基础知识、基本技能，经济实用，保证质量。国家机关工作人员和教科书审查人员，不得参与或者变相参与教科书的编写工作。

第三十九条　国家实行教科书审定制度。教科书的审定办法由国务院教育行政部门规定。

未经审定的教科书，不得出版、选用。

第四十条　教科书由国务院价格行政部门会同出版行政部门按照微利原则确定基准价。省、自治区、直辖市人民政府价格行政部门会同出版行政部门按照基准价确定零售价。

第四十一条　国家鼓励教科书循环使用。

第六章　经费保障　第四十二条　国家将义务教育全面纳入财政保障范围，义务教育经费由国务院和地方各级人民政府依照本法规定予以保障。国务院和地方各级人民政府将义务教育经费纳入财政预算，按照教职工编制标准、工资标准和学校建设标准、学生人均公用经费标准等，及时足额拨付义务教育经费，确保学校的正常运转和校舍安全，确保教职工工资照规定发放。国务院和地方各级人民政府用于实施义务教育财政拨款的增长比例应当高于财政经常性收入的增长比例，保证按照在校学生人数平均的义务教育费用逐步增长，保证教职工工资和学生人均公用经费逐步增长。

第四十三条　学校的学生人均公用经费基本标准由国务院财政部

门会同教育行政部门制定，并根据经济和社会发展状况适时调整。制定、调整学生人均公用经费基本标准，应当满足教育教学基本需要。省、自治区、直辖市人民政府可以根据本行政区域的实际情况，制定不低于国家标准的学校学生人均公用经费标准。特殊教育学校（班）学生人均公用经费标准应当高于普通学校学生人均公用经费标准。

第四十四条　义务教育经费投入实行国务院和地方各级人民政府根据职责共同负担，省、自治区、直辖市人民政府负责统筹落实的体制。农村义务教育所需经费，由各级人民政府根据国务院的规定分项目、按比例分担。各级人民政府对家庭经济困难的适龄儿童、少年免费提供教科书并补助寄宿生生活费。义务教育经费保障的具体办法由国务院规定。

第四十五条　地方各级人民政府在财政预算中将义务教育经费单列。县级人民政府编制预算，除向农村地区学校和薄弱学校倾斜外，应当均衡安排义务教育经费。

第四十六条　国务院和省、自治区、直辖市人民政府规范财政转移支付制度，加大一般性转移支付规模和规范义务教育专项转移支付，支持和引导地方各级人民政府增加对义务教育的投入。地方各级人民政府确保将上级人民政府的义务教育转移支付资金按照规定用于义务教育。

第四十七条　国务院和县级以上地方人民政府根据实际需要，设立专项资金，扶持农村地区、民族地区实施义务教育。

第四十八条　国家鼓励社会组织和个人向义务教育捐赠，鼓励按照国家有关基金会管理的规定设立义务教育基金。

第四十九条　义务教育经费严格按照预算规定用于义务教育；任何组织和个人不得侵占、挪用义务教育经费，不得向学校非法收取或者摊派费用。

第五十条　县级以上人民政府建立健全义务教育经费的审计监督和统计公告制度。

第七章　法律责任　第五十一条　国务院有关部门和地方各级人民政府违反本法第六章的规定，未履行对义务教育经费保障职责的，由国务院或者上级地方人民政府责令限期改正；情节严重的，对直接负责的主管人员和其他直接责任人员依法给予行政处分。

第五十二条　县级以上地方人民政府有下列情形之一的，由上级人民政府责令限期改正；情节严重的，对直接负责的主管人员和其他直接责任人员依法给予行政处分：

（一）未按照国家有关规定制定、调整学校的设置规划的；

（二）学校建设不符合国家规定的办学标准、选址要求和建设标准的；

（三）未定期对学校校舍安全进行检查，并及时维修、改造的；

（四）未依照本法规定均衡安排义务教育经费的。

第五十三条　县级以上人民政府或者其教育行政部门有下列情形之一的，由上级人民政府或者其教育行政部门责令限期改正、通报批评；情节严重的，对直接负责的主管人员和其他直接责任人员依法给予行政处分：

（一）将学校分为重点学校和非重点学校的；

（二）改变或者变相改变公办学校性质的。

县级人民政府教育行政部门或者乡镇人民政府未采取措施组织适龄儿童、少年入学或者防止辍学的，依照前款规定追究法律责任。

第五十四条　有下列情形之一的，由上级人民政府或者上级人民政府教育行政部门、财政部门、价格行政部门和审计机关根据职责分工责令限期改正；情节严重的，对直接负责的主管人员和其他直接责任人员依法给予处分：

（一）侵占、挪用义务教育经费的；

（二）向学校非法收取或者摊派费用的。

第五十五条　学校或者教师在义务教育工作中违反教育法、教师法规定的，依照教育法、教师法的有关规定处罚。

第五十六条　学校违反国家规定收取费用的，由县级人民政府教育行政部门责令退还所收费用；对直接负责的主管人员和其他直接责任人员依法给予处分。

学校以向学生推销或者变相推销商品、服务等方式谋取利益的，由县级人民政府教育行政部门给予通报批评；有违法所得的，没收违法所得；对直接负责的主管人员和其他直接责任人员依法给予处分。国家机关工作人员和教科书审查人员参与或者变相参与教科书编写的，由县级以上人民政府或者其教育行政部门根据职责权限责令限期改正，依法给予行政处分；有违法所得的，没收违法所得。

第五十七条　学校有下列情形之一的，由县级人民政府教育行政部门责令限期改正；情节严重的，对直接负责的主管人员和其他直接责任人员依法给予处分：

（一）拒绝接收具有接受普通教育能力的残疾适龄儿童、少年随班就读的；

（二）分设重点班和非重点班的；

（三）违反本法规定开除学生的；

（四）选用未经审定的教科书的。

第五十八条　适龄儿童、少年的父母或者其他法定监护人无正当理由未依照本法规定送适龄儿童、少年入学接受义务教育的，由当地乡镇人民政府或者县级人民政府教育行政部门给予批评教育，责令限期改正。

第五十九条　有下列情形之一的，依照有关法律、行政法规的规定予以处罚：

（一）胁迫或者诱骗应当接受义务教育的适龄儿童、少年失学、辍学的；

（二）非法招用应当接受义务教育的适龄儿童、少年的；

（三）出版未经依法审定的教科书的。

第六十条　违反本法规定，构成犯罪的，依法追究刑事责任。

第八章　附则　第六十一条　对接受义务教育的适龄儿童、少年不收杂费的实施步骤，由国务院规定。

第六十二条　社会组织或者个人依法举办的民办学校实施义务教育的，依照民办教育促进法有关规定执行；民办教育促进法未作规定的，适用本法。

（三）新《义务教育法》的意义与价值

新《义务教育法》的通过，对新世纪的中国教育发展来说，是一件具有深远意义的大事。从教育法制建设角度讲，新《义务教育法》的出台也是中国教育法制建设一个新的、重要的标志。新《义务教育法》总结了《义务教育法》实施20年来的历史经验和教训，对《义务教育法》作了一次全面的、重大的修改。从义务教育发展来看，关乎整个民族素质的提高和民族的复兴，对整个教育的发展具有奠基性意义和深远的历史作用，是义务教育的一个新的里程碑。无论从义务教育本身、教育法制建设，乃至中国教育事业的发展来说，都有深远的意义。

第一，指明了义务教育均衡发展这个根本的方向。上个世纪，由于各地经济、文化水平的差异，使得义务教育阶段形成了地区之间、城乡之间乃至学校之间较大的发展差距。随着经济的发展，这种差距越拉越大。新《义务教育法》将义务教育的均衡发展纳入了法制的轨道，将均衡教育思想作为新《义务教育法》的根本指导思想，可以说新《义务教育法》的里程碑意义，最重要的就体现在从过去的各自发展走上今天的均衡发展的道路。

第二，明确了义务教育承担实施素质教育的重大使命。我们过去推进义务教育时，主要是解决孩子有书可读、有学可上的问题，还谈不上素质教育。新《义务教育法》站在新的历史起点上，把义务教育纳入到实施素质教育的轨道上来，把实施素质教育作为义务教育的一项新的历史使命。新《义务教育法》同时把注重培养学生的独立思考能力、实践能力和创新能力作为促进学生全面发展的重点，并且提出了一系列实施素质教育的措施。

第三，新的《义务教育法》回归了义务教育免费的本质。普及教育、强制教育和免费教育是义务教育的本质特征，免费的步骤可以根据国情来分步实施，但必须坚持免费的特点。公益性是整个教育事业的特征，义务教育要更彻底一些，不仅仅是普及的、强制的，还应该是免费的。新《义务教育法》在免费教育上又迈出了一大步，在1986年不收学费的基础上增加了不收杂费的内容。中央财政将从今年开始，用两年时间免除农村地区义务教育阶段的杂费。城市地区还要深入调查研究、制定方案、加快进程。

第四，进一步完善了义务教育的管理体制，强化了省级的统筹实施。此次新《义务教育法》一个很大的突破，就是在"以县为主"管理体制的基础上，进一步加大了省级政府的统筹和责任，实践着从"人民教育人民办"到"义务教育政府办"的转变。原来看到乡镇一级难负其责，就将统筹责任放到县一级；现在县级基本上是吃财政饭，也无力承担，事业的发展必须要加大省级的责任。对教育的均衡发展、加大对农村教育经费保障的力度、加强对贫困地区的支持而言，省级的统筹都非常重要，这也是新《义务教育法》的一大亮点。

第五，确立了义务教育经费保障机制。再一次明确了义务教育经费的"三个增长"；建立农村义务教育经费的分担机制，分项目、按比例分担；义务教育经费预算单列；规范义务教育的专项转移支付；设立义务教育的专项资金。通过这样几个渠道，建立起义务教育比较完善的经费保障机制。

第六，保障接受义务教育的平等权利。新《义务教育法》强调了对非户籍所在地，特别是流动人口子女接受义务教育的问题；确定了流动人口子女居住地人民政府要为他们提供平等接受义务教育的条件，这将会对城市化进程的平稳推进起到关键性作用。

第七，规范了义务教育的办学行为。过去我们对义务教育的办学行为主要是从政策上进行规范，新《义务教育法》对规范义务教育办学行为出手是比较重的：一是不得将学校分为重点学校和非重点学校，学校不得分设重点班和非重点班。关键是要对学校在资源、政策上进行公平的分配，不得有政策、资金、资源的倾斜，这一条体现了全社会对教育公平的强烈愿望。二是不得以任何名义改变或变相改变公办学校的性质，也就是"名校不能变民校"。三是第25条的规定，"学校不得违反国家规定收取费用，不得以向学生推销或变相推销商品、服务等方式谋取利益"。

第八，建立了义务教育新的教师职务制度。过去我们中小学的教师职务序列是中、小学分设，中学的初级、中级、高级与助教、讲师和副教授相对应，而小学则达不到。新《义务教育法》将义务教育阶段的教师职务序列打通，小学和中学的差别不复存在，初级、中级、高级都与助教、讲师和副教授相对应，小学教师也可以评副教授，对小学教师是很大的鼓励。实际上，过去设立的在小学任教的中学高级教师的职称是不规范的。这一新规定对调动广大教师的积极性，发挥聪明才智都是一个很大的激励。特别是让小学教师看到了自身发展提高的前景，对小学教师是个福音。这个全新的制度，在教师职务制度上有了新突破。当然还需要一些配套性的规定。

第九，增强了《义务教育法》执法的可操作性。全面规定了《义务教育法》的法律责任，63条中有10条规定的是法律责任，将《义务教育法》的执法性、操作性提到一个空前的高度。而且规范了22种违反《义务教育法》的违法行为及应该承担的法律责任。过去的18条《义务教育法》虽然起到了很大的历史作用，但可操作性比较差，新的《义务教育法》则完全弥补了这种缺憾，大大增强了可操作性，加大了执法力度。

案例分析

南方网讯报道：湛江遂溪一初二学生彬仔（化名），在同学和老师的印象中可以用一个词来形容："另类！"

他上课总是迟到，交头接耳，甚至顶撞老师，还公然违反校规，穿拖鞋上学，留长头发，穿奇装异服。更让人头疼的是，他还经常惹事生非，不服管教。今年第二学期开学时，彬仔来到学校注册，校方以其生性顽劣，家长又不配合管教子女为由，叫他先回家，"迟些"再来注册。但这一迟就是过了几个月，彬仔的父亲叶志文（化名）多次和校方理论，然而至今还是没有结果。

眼睁睁看着彬仔整天在校门外流浪，叶志文说："国家颁布实施九年义务教育，这是每个公民的权利，教育法规也不允许歧视成绩差、性格有缺陷的学生，我儿子犯的毛病还不至于被开除，学校凭什么不让我的儿子上学？"他为此四处讨说法。

《根据义务教育法》该法第十五条明确规定，地方各级人民政府必须创造条件，使适龄儿童、少年入学接受义务教育。除因疾病或者特殊情况，经当地人民政府批准的以外，适龄儿童、少年不入学接受义务教育的，由当地人民政府对他的父母或者其监护人批评教育，并采取有效措施责令送子女或者被监护人入学。

湛江师范大学教育科学学院某权威教授认为，彬仔的遭遇不应当看作是个案，在目前成绩差一点调皮一点的学生，老师通常都不喜欢，担心拖累全班的成绩和表现，"另类"学生在学校也就难免受到不同程度的歧视和排斥。其实，不少个性张扬的孩子，考试成绩或许不行，可是长大成人以后却往往能在别的领域取得非凡的成就，时下提倡的素质教育就是要注重挖掘和培养孩子的潜力和特长。如果仅仅是因为彬仔生性顽劣，校方就拒绝他入学，这种做法显然是错误的，违反了义务教育法。彬仔在学校虽然调皮，屡次违反校规，但还没有达到开除的程度，学校作为承担社会教育人的部门，没有权力剥夺彬仔受教育的权利，理应无条件接受他入学。

《义务教育法》第十五条明确规定，地方各级人民政府必须创造条件，使适龄儿童、少年入学接受义务教育。除因疾病或者特殊情况，经当地人民政府批准的以外，适龄儿童、少年不入学接受义务教育的，由当地人民政府对他的父母或者其监护人批评教育，并采取有效措施责令送子女或者被监护人入学。

因此本案相关人员将被进行严厉的批评教育和处罚。

六、《未成年人保护法》

（一）什么是未成年人

未成年人是指未达到法定成年年龄的公民，是相对于成年人的一个特定的法律概念。各国法律对成年年龄的规定不同，我国的法定成年年龄为18周岁，因此在我国，未成年人就是指未满18周岁的公民。根据《中华人民共和国民法通则》第11条规定："18周岁以上的公民是成年人，具有完全民事行为能力，可以独立进行民事活动，是完全民事行为能力人。"《中华人民共和国未成年人保护法》第2条规定：

"本法所称未成年人是指未满18周岁的公民。"可见，从刚出生的婴儿到18周岁以内的任何一个年龄层的公民，不论其性别、民族、家庭出身、文化程度如何，都属于未成年人的范围。"未成年人"是一个法律概念，它的界限是明确的，是由法律直接规定的，具有规范性、明确性、法定性的特点，我国两部未成年人的专门立法——未成年人保护法和预防未成年人犯罪法——都用了"未成年人"一词，更加肯定了"未成年人"一词作为一个法律概念的地位。

1. 儿童

"儿童"一词在联合国《儿童权利公约》中指的是"18岁以下的任何人，除非对其适用之法律规定成年年龄低于18岁"。公约中所指的儿童与我国未成年人的概念是一致的。

2. 未成年人的范围包括哪些

本法所称未成年人是指未满18周岁的公民。

（1）根据规定，从刚出生的婴儿到18周岁以内的任何一个年龄层的具有中华人民共和国国籍的人，不论其性别、种族、家庭出身、文化程度如何，都属于未成年人的范围，享受《未成年人保护法》的保护。

（2）未成年人年龄的确定以周岁为准。根据最高人民法院《关于办理未成年人刑事案件适用法律的若干问题的解释》的规定，周岁的计算方法是：按照公历的年、月、日计算。过了周岁生日，从第二天起，为已满××周岁。出生的时间，应以户籍证明为准；没有户籍证明的，以医院出具的出生证明为准；没有医院证明的，参照其他有关证明认定。例：1996年8月1日出生的人，在2004年3月3日那一天为：2004－1996－1＝7周岁；在2004年8月2日那一天为：2004－1996＝8周岁。

案例详解

某村7岁的李某在申请入学时被学校拒收，理由是他是计划外生育的，属于父母违反计划生育规定第三胎生下的孩子。该村学校领导认为，计划外生育的孩子就不能享受计划内生育的孩子所能享受的权利，在受教育上的表现就是不能按时入学。李某的父母不服，就去找村干部，村干部也持学校同样的说法。

问：该村学校领导和村干部的说法是否正确？为什么？

答：本案例中，学校领导和村干部的说法都是错误的。计划外生育的未成年人同样有权享有法律所规定的各项权利，包括受教育权，因此，张某虽属计划外生育的未成年人，但其同样也享有国家法律规定的受教育权，对于该项权利，该村的村领导和校领导是无权剥夺的。

（二）为什么要制定未成年人保护法

为了保护未成年人的身心健康，保障未成年人的合法权益，促进未成年人在品德、智力、体质等方面全面发展，把他们培养成为有理想、有道德、有文化、有纪律的社会主义事业接班人，根据宪法，制定本法。

未成年人是 21 世纪的主人，未成年人的生存、保护和发展是提高人口素质的基础，是人类未来发展的先决条件。未成年人是祖国未来的建设者，是中国特色社会主义事业的接班人，未成年人的文化、道德、思想状况，直接关系到中华民族的整体素质，关系到国家前途和民族命运。所以，我们应当坚持以马克思列宁主义、毛泽东思想、邓小平理论和"三个代表"重要思想为指导，深入贯彻十八大精神，全面落实《爱国主义教育实施纲要》、《公民道德建设实施纲要》，紧密结合全面建设小康社会的实际，针对未成年人身心成长的特点，积极探索新世纪新阶段未成年人思想道德建设的规律，坚持以人为本，教育和引导未成年人树立中国特色社会主义的理想信念和正确的世界观、人生观、价值观，养成高尚的思想品质和良好的道德情操，努力培育有理想、有道德、有文化、有纪律，德、智、体、美全面发展的中国特色社会主义事业建设者和接班人。

（三）未成年人享有哪些合法权益？哪些机关负有保护未成年人合法权益的义务？

第五条 国家保障未成年人的人身、财产和其他合法权益不受侵犯。

保护未成年人，是国家机关、武装力量、政党、社会团体、企业事业组织、城乡基层群众性自治组织、未成年人的监护人和其他成年公民的共同责任。对侵犯未成年人合法权益的行为，任何组织和个人都有权予以劝阻、制止或者向有关部门提出检举或者控告。国家、社会、学校和家庭应当教育和帮助未成年人运用法律手段。维护自己的合法权益。

未成年人享有各种人身权，包括姓名权、名誉权、肖像权、荣誉权等。这些权利都是与未成年人自身密切相连的，任何人不得予以剥夺。未成年人也可以拥有个人财产，享有法律保护的财产权。依据我国法律的规定，未成年人的财产主要有以下几方面来源：

1. 劳动收入。16周岁以上未满18周岁的未成年人也可以自己的劳动获得收入。未成年人获得的劳动收入是未成年人的个人财产，受法律保护。

2. 受赠与的财产。赠与是指将自己所有的财产权利无偿转让给他人的行为。生活中未成年人经常会收到来自各方面的赠与，例如过年长辈给的压岁钱，社会人士设立的各项保护儿童的基金。未成年人对这部分财产也拥有所有权。

3. 创作的智力成果。未成年人进行文学、艺术创作，科技发明创造等活动，对自己的智力成果拥有知识产权，对相应的收益拥有财产权。

4. 获得的各种奖励。未成年人参加各种竞赛、抽奖等活动获得的奖品和奖金也都属于其个人财产。

5. 继承的财产。未成年人也有继承权，对其继承的财产拥有财产权。未成年人对自己通过合法途径获得的财产拥有财产权，任何人不得侵犯。包括家长和其他监护人在内，不得擅自处理未成年人的财产。监护人不履行监护职责或者侵害被监护人的合法权益的，应当承担责任；给被监护人造成财产损失的，应当赔偿损失。

负有保护未成年人职责的主体主要有：

1. 国家机关。国家机关是保护未成年人的最重要力量，它借助立法、司法、执法等手段，凭借军队、警察、法庭等国家机器，为未成年人的健康成长创造条件，并由国家强制力制止侵犯未成年人合法权益的行为。

2. 武装力量。武装力量是我国和平与安全的保卫者和维护着，其有责任保护未成年人；并且因其作为国家机器的重要组成部分之一，在对未成年人的保护工作中起着举足轻重的作用。

3. 政党。中国共产党及其领导的民主党派都负有保护未成年人的责任。

4. 社会团体。社会团体包括：共产主义青年团、妇女联合会、工会等。

5. 企业事业组织。虽然绝大部分企业事业单位不直接参与到保护未成年人中来，但是他们也应尽一切努力，为保护未成年人出钱、出力。

6. 城乡基层群众自治组织。主要包括：城市的居民委员会和农村的村民委员会。

7. 成年公民。未成年人的监护人或者其他成年公民，与未成年人有着经常的、广泛的接触，他们理所当然地应承担起保护未成年人的责任。

对于侵犯未成年人合法权益的行为，任何组织和个人都有权予以劝阻、制止或者向有关部门提出检举或者控告，这里所说的劝阻就是劝说行为人以后不要再侵犯未成年人的合法权益。制止就是采取强迫措施使侵害人的侵害行为停止，不再继续实施侵犯未成年人合法权益的行为。检举就是单位或者个人以口头或者书面形式，向有关国家机关揭发其发现或者了解的侵犯未成年人合法权益的实施或者嫌疑人，并要求依法处理的行为。控告是指未成年人或者其监护人以口头或者书面形式，向有关国家机关揭发、控诉侵害其合法权益的单位或者个人的行为。此外，未成年人完全依赖于外界社会的保护是不够的，他们必须自己懂得如何去维护自己的合法权益，这就需要社会各界积极主动地帮助未成年人提高自身素质，增强自我保护的能力。

（四）如何理解对未成年人给予特殊、优先保护

修订后的未成年人保护法中增加的"国家根据未成年人身心发展特点给予特殊、优先保护，保障未成年人的合法权益不受侵犯"，这一条也是联合国《儿童权利公约》中"儿童最大利益原则"的体现。它是保护未成年人工作的一项基本原则，是国际社会保护儿童先进理念在国内法中的集中体现。公约第3条规定："关于儿童的一切行动，不论是由公私社会福利机构、法院、行政当局或立法机构执行，均应以儿童的最大利益为一种首要考虑。"

全国人大通过的《国民经济和社会发展第十一个五年规划纲要》以及国务院颁布的《中国儿童发展纲要》均规定，坚持儿童优先原则，保障儿童生存、发展、受保护和参与的权利，改善儿童成长环境，促进儿童身心健康发展。儿童优先特殊保护原则的基本含义是：对儿童的权利，对他们的生存、保护和发展给予高度优先，无论任何机构、任何情况下，都应把儿童放在最优先考虑的地位。

另外，修订后的未成年人保护法第40条规定："学校、幼儿园、

托儿所和公共场所发生突发事件时，应当优先救护未成年人。"这一规定是特殊、优先保护未成年人原则的具体体现。突发事件是指突发性灾难，如水灾、火灾、地震等，往往会给未成年人的人身安全造成巨大危害，这种情况如果发生在未成年人聚集的场所，其后果更加严重。如1994年某市某剧场发生火灾，在场观看专场文艺演出的796名学生中，有288条幼小的生命被烈焰吞噬。当时在场的一些成年人没有优先组织学生撤离，违背了"儿童优先"这一国际社会通行的原则。

公民的生命健康权利是平等的，无论是成年人还是未成年人。但是与成年人相比较而言，未成年人在突发事件中的应变能力、保持镇静的能力和自我保护的能力更差，尤其是在缺乏成年人进行有效组织、协调的情况下，更容易秩序混乱，扩大危害后果。从这个意义上讲，在遇到突发事件时，未成年人比成年人更需要及时接受救护，在顺序上应优先于成年人。从道德层面上讲，在遇到突发事件时，优先救助妇女、儿童也是当今世界所公认的优良品质。

从理论上讲，对未成年人的特殊保护是法律为了体现公平原则对限制未成年人行为的法律意义的对价。实际上讲，是为了公平而对未成年人能力不足的补充。最后，也是对未成年人相关主体权利以及社会总体利益的维护。

将特殊、优先保护未成年人的原则与我国实际相结合，有利于在全社会树立起未成年人利益优先的观念，从而在最大程度上保障和维护未成年人的利益。通过确立这项原则，力图在全社会进一步形成尊重未成年人、爱护未成年人的良好社会风尚。

（五）我国法律对女性未成年人有哪些特殊保护

未成年人保护法第10条规定：父母或者其他监护人应当创造良好、和睦的家庭环境，依法履行对未成年人的监护职责和抚养义务。

禁止对未成年人实施家庭暴力，禁止虐待、遗弃未成年人，禁止溺婴和其他残害婴儿的行为，不得歧视女性未成年人或者有残疾的未成年人。刑法第 236 条规定：奸淫不满 14 周岁的幼女的，以强奸论，从重处罚。强奸妇女、奸淫幼女，有下列情形之一的，处 10 年以上有期徒刑、无期徒刑或者死刑：强奸妇女、奸淫幼女情节恶劣的；强奸妇女、奸淫幼女多人的。教育法第 36 条第 2 款规定：学校和有关行政部门应当按照国家有关规定，保障女子在入学、升学、就业、授予学位、派出留学等方面享有同男子平等的权利。妇女权益保障法第 18 条规定：父母或者其他监护人必须履行保障适龄女性儿童少年接受义务教育的义务。除因疾病或者其他特殊情况经当地人民政府批准的以外，对不送适龄女性儿童少年入学的父母或者其他监护人，由当地人民政府予以批评教育，并采取有效措施，责令送适龄女性儿童少年入学。政府、社会、学校应当采取有效措施，解决适龄女性儿童少年就学存在的实际困难，并创造条件，保证贫困、残疾和流动人口中的适龄女性儿童少年完成义务教育。《妇女权益保障法》第 38 条规定：禁止溺、弃、残害女婴。《国务院关于进一步贯彻实施中华人民共和国民族区域自治法若干问题的通知》（国发〔1991〕70 号）第 8 条规定：要采取有力措施，帮助民族自治地方办好各级各类学校。民族学校的办学形式要适合当地民族生产、生活的特点。要因地制宜办好寄宿制学校和女童班。

另外《中国妇女发展纲要》规定：保障女童接受九年义务教育的权利。小学适龄女童的净入学率达到99%左右，小学5年巩固率提高到95%左右，基本杜绝小学适龄女童失学。初中女童毛入学率达到95%左右。进一步贯彻落实《中华人民共和国义务教育法》等相关法律法规，重点解决西部贫困地区和少数民族地区女童、残疾女童、流动人口中女童的义务教育问题。帮助失学、辍学女童完成九年义务教育。缩小男女童受教育差距。切实保障女童受教育的权利，消除阻碍女童入学的障碍。关注女童和处于特殊困境的儿童，保证其获得健康成长和平等发展的机会。《国务院关于基础教育改革与发展的决定》强调：要继续抓好农村女童教育。

案例问答

案例一：某日，某市一名5年级小学生赵某与同学一起到该市的一家超市去找其母亲。两人从超市出来时，因门口的报警器鸣叫而被超市保安扣留。赵某否认拿了超市的东西，但是超市保安说什么也不让他走，非要脱衣检查。赵某没有办法，不得不哭着将衣服全部脱下来让保安检查。因没有发现任何物品，赵某才得以回家。

问：该超市侵犯了赵某的什么权利？

答：该超市侵犯了赵某的名誉权和身体权，依据本法第五条的规定，国家保障未成年人的人身、财产和其他合法权益不受侵犯。其人身权利包括名誉权、荣誉权、肖像权等权利。该超市在赵某的监护人未到场的情况下，随意搜查赵某的身体，迫使赵某脱衣证明自己的"清白"，侵犯了赵某的名誉权和身体权。

案例二：某日，公民肖某来到某影楼为其刚满一周岁的儿子照周岁纪念照。当时影楼为了保证拍摄的质量就给肖某的儿子照了两次。但是后来肖某去取照片的时候只得到了一张的底片，肖某就问为什么，影楼的回答是另一张不见了，肖某也就没有再深究。几日后，肖某竟发现该影楼的大橱窗里赫然放着他儿子的一张加大的彩照，还附加了"可爱"的标题。于是肖某找影楼理论，要求影楼将照片取下来，影楼以照片是他们拍摄的作品，他们有权使用为由拒绝了肖某的要求。

问：该影楼的做法是否侵犯了肖某儿子的合法权益？

答：该影楼的做法侵犯了肖某儿子的合法权益。依据本法第五条的规定，国家未成年人的人身、财产和其他合法权益不受侵犯。本案中，影楼将照片放入橱窗的行为就是使用肖某一周岁儿子的摄影形象在为其做广告；同时该使用行为并没有事先征得作为其儿子监护人肖某的同意；而且该影楼的目的确实是为了营利。所以该影楼的行为侵犯了肖某儿子的肖像权。

案例三：李某，男，10岁，小学4年级学生，家住农村，家庭生活困难。2000年10月1日，与李某同村的几个小朋友正在玩"过家家"游戏：一名女孩做新娘，一名男孩做新郎，另外一名女孩做伴娘。此时，李某路过此处，向他们说了几句"结婚了"、"亲嘴"之类的话。当天下午，"新娘"的父亲和母亲就去李某家中进行质问，并罚李某跪了2个多小时。李某的父亲责骂了李某，并让他道歉。第二天上午10：30左右，"新娘"的母亲王某、叔叔杨某和"新郎"的父亲何某再次闯入李某家。杨某一进门，拿起一个水杯就扔向李某，但没打着，然后他把李某从炕上扯下来，又踢又踹地拖到院子里，让他跪着。之后，把李某拎到街上，一边让李某罚跪，一边对李某进行殴打和辱骂。杨某拿了一把椅子坐在街道边，边喝啤酒，边踢打李某，让李某跪在酒瓶上，低着头，反手向上，还用椅子砸李某的腿。李某的腿被打得鲜血直流，当时有100多人围观。李某就这样被打骂着，直到下午5点多才有人报警。

李某被当街殴打罚跪后，到医院进行治疗，医院诊断结果为："脑外伤神经性反映、左腿内侧皮肤裂口长约1cm，深达肌层。"一直未能痊愈。2001年3月，李某做了法医鉴定，鉴定结果为轻微伤。李某的家长为此已花费医疗费10398元，交通费10705元。被打后，李某4个多月未能上学，双腿发麻发软，双手冰凉，不能独立行走，只有扶着东西或有人搀扶时才能站立行走。

问：本案中，李某的什么权利受到了侵犯？

答：本案中，李某的生命健康权受到了严重的侵犯。依据本法第五条的规定，国家保护未成年人的人身、财产和其他合法权益不受侵犯。本案中，杨某、王某、何某对李某进行殴打、辱骂，不仅给李某造成严重的身体伤害，而且给其学习、生活和身心健康成长造成极大的影响。他们的行为明显违反了国家法律的规定，严重侵犯了李某的合法权利，情节恶劣，手段残忍，且主观具有过错，应依法追究其责任。

案例四：未成年人王某的父母热衷于购买彩票，15岁的王某深受影响，平时也比较关注彩票的中奖情况。一天，王某放学途经一彩票投注站，花10元钱买了5张福利彩票，后得知其中1张中奖1万元。第二天，王某拿着有效证件到彩票投注站领奖时，工作人员以王某是未成年为由，拒绝支付，并认为王某作为未成年人，购买彩票的行为无效。王某的父母知道后，就与彩票投注站进行交涉，后发生纠纷，就以王某的名义把彩票投注站告上法庭。

问：王某应否取得1万元的奖金？

答：王某应该取得这1万元的奖金。本案中，王某已15周岁，属于限制民事行为能力人，可以进行与其行为能力相适应的行为。王某花费10元钱购买彩票，王某平时深受父母的影响，对购买彩票的行为性质应该有必要的了解，且行为的标的额只有10元钱，数目较小，因此其购买彩票的行为应当合法有效，理应受到法律的保护。最高人民法院《关于贯彻执行〈中华人民共和国民法通则〉若干问题的意见（试行）》也做出了相关规定："无民事行为能力人、限制民事行为能力人接受奖励、赠与、报酬，他人不得以行为人无民事行为能力、限制民事行为能力为由，主张以上行为无效。"所以，王某作为限制民事行为能力的未成年人，却因购买该张彩票获取了财产利益，依据本法第五条第一款国家保护未成年人的合法财产权的规定，彩票投注站应当向其支付1万元的奖金。

七、《预防未成年人犯罪法》

（一）《预防未成年人犯罪法》制定的目的

第一条 为了保障未成年人身心健康，培养未成年人良好品行，有效地预防未成年人犯罪，制定本法。

本法第一条是关于制定本法目的的规定。即制定本法是为了保障未成年人身心健康，培养未成年人良好品行，有效地预防未成年人犯罪。

未成年人是指未满十八周岁的公民。未成年人相对于成年人在生理和心理上都处于发育阶段，明辨是非和识别善恶的能力欠缺，极易接受外界的不良影响，养成不良习惯，实施不良行为，如果引导不好，很容易走上违法犯罪的道路。

从20世纪七八十年代以来，我国未成年人犯罪呈现逐渐上升的趋势。有资料显示，目前我国青少年犯罪初始年龄与20世纪70年代相比已提前了2岁—3岁，14岁以下少年违法犯罪比例上升，在青少年犯罪中所占比例已由1991年的1.3%上升到2000年的1.9%。这些情况已经引起社会各界以及学校、家庭的高度关注。如何有效遏制未成年人犯罪，最大限度地预防和减少未成年人犯罪，已成为社会各职能部门的一项重要职责和艰巨任务。因此，《预防未成年人犯罪法》的制定目的是从以下几个方面阐述的。

1. 制定本法是为了有效地预防未成年人犯罪。根据本条的规定，制定本法的直接目的是要能够有效地预防未成年人犯罪。鉴于未成年人犯罪呈现逐年上升的趋势，很多已经涉及严重暴力犯罪领域，低龄化趋势也日趋严重，未成年人犯罪已经成为扰乱社会治安，影响社会发展的重要因素。未成年人犯罪能否得到控制，影响着我们的社会治安的整体状况。为了能够更加有效的预防未成年人犯罪，针对目前未成年人犯罪的实际特点，国家将预防未成年人犯罪的工作、组织和责任等，通过法律的形式固定下来，有利于我们控制和减少未成年人犯罪，有利于构建和谐社会。

2. 制定本法是为了保障未成年人身心健康，培养未成年人的良好品行。制定本法的深层目的在于保障未成年人身心健康，培养未成年人良好品行；将未成年人培养成有理想，有道德，有文化，有纪律的四有新人，为社会主义建设培养合格的接班人。

3. 动员全社会的力量，共同关心未成年人教育成长未成年人是否能健康成长，关系到我们党和国家是否后继有人，关系到我国社会主义现代化建设的百年大计。未成年人的人生起点在家庭，知识基础在学校，健康成长在社会。未成年人之所以犯罪，是多方面的原因和多种因素综合作用的结果。因此，解决的办法必须依靠全社会的力量进行综合治理。全社会要形成一个良好的育人环境，都来关心和支持未成年人的教育工作，都来做未成年人的思想政治工作和法制教育工作，真正形成全国抓教育，全民齐参与的局面，是能够有效解决未成年人犯罪问题的。

案例问答

某市 17 名辍学少年组成 3 个抢劫犯罪团伙，自 2004 年 6 月以来，在该市甲县、乙县等地疯狂抢劫出租车司机、中小学生、商店、行人，9 个月作案 12 起。后来此案被该市公安机关破获。经查，这些嫌疑犯最大的 17 岁，最小的 15 岁，均辍学在家。其家长对他们始终不管不顾。出于抢劫能来钱的邪恶念头，致使 17 名未成年人走上了犯罪道路。

问：根据《预防未成年人犯罪法》，这些未成年人的父母在发现子女组成此类团伙的时候，是否负有相应的责任和义务？

答：这些未成年人的父母在上述情况下负有一定的责任和义务。《预防未成年人犯罪法》第十七条规定："未成年人的父母或者其他监护人和学校发现未成年人组织或者参加实施不良行为的团伙的，应当及时予以制止。发现该团伙有违法犯罪行为的，应当向公安机关报告。"本法就是赋予家庭、学校以及整个社会应尽的责任和义务，以积极发挥全社会的力量预防未成年人犯罪现象的恶性发展。

第二讲　明确义务　尊重他人

第一节　我们的义务

一、法律义务

作为青少年，我们是社会的特殊群体，必须履行我们特殊的法定义务与责任。主要包括：赡养义务、接受义务教育等。

同时我们是青少年，我们还是学生，学习是我们的任务之一，更是我们日后面向社会的保障，然而学习不仅只属于我们的意愿范围，接受义务教育，学习文化知识更是有法律为我们保障，当我们享受义务教育权利时必须要履行其中的义务，主要如下：

1. 遵守法律、法规；

2. 遵守学生行为规范，尊敬师长，养成良好的思想品德和行为习惯；

3. 努力学习，完成规定的学习任务；

4. 遵守所在学校或者所在教育机构的管理制度。

同样，除了学生之外，在家里我们还有一个角色——子女。作为子女对父母有赡养扶助义务尊敬父母，赡养父母，是中华民族的传统美德。长辈一般阅历深，见闻多，长期从事劳动，对社会贡献多，是他们生育和培养了后辈。尊敬老人，不只是对养育之恩的报答，也是对他们劳动和贡献的尊重。赡养和扶助父母是子女的义务，尊敬、照顾老人是后辈的责任。现代社会主义家庭制度强调在平等关系上尊重和体贴老人。由于长辈年纪大了，体力精力都开始衰退，有必要对他们在身心上多加体贴、照顾、帮助，使老人欢度幸福的晚年。现实生活中，少数人对上了年纪的父母或其他长辈，尤其是那些生活不能自理的老人，不闻不问，撒手不管，甚至虐待，这种态度和做法，非但情理不通，道义不允，法律也难容。尽管我们目前为止尚未成年，但是尊敬和赡养父母的意志与意愿必须从小树立，形成一个正确的价值观。下面让我们看看法律对赡养父母做出的相关规定。

（一）赡养义务的承担者

我国《宪法》规定，成年子女有赡养扶助父母的义务。但是扩展来说，根据我国《婚姻法》和《老年人权益保障法》的规定，下列人员有赡养义务：子女对父母有赡养扶助的义务；子女不履行赡养义务时，无劳动能力的或生活困难的父母，有要求子女付给赡养费的权利。

1. 子女对父母的赡养义务，不仅发生在婚生子女与父母间，而且也发生在非婚生子女与生父母之间，养子女与养父母之间和继子女与履行了扶养教育义务的继父母之间。

2. 有负担能力的孙子女、外孙子女，对于子女已经死亡或子女无力赡养的祖父母、外祖父母，有赡养的义务。

3. 由兄、姐扶养长大的有负担能力的弟、妹，对于缺乏劳动能力又缺乏生活来源的，或年老无赡养人的兄、姐，有扶养的义务。

4. 赡养人的配偶应当协助赡养人履行赡养义务。赡养人是指被赡养人的子女以及其他依法负有赡养义务的人。

（二）赡养义务的主要内容

赡养扶助的主要内容是指在现有经济和社会条件下，子女在经济上应为父母提供必要的生活用品和费用，在生活上、精神上、感情上对父母应尊敬、关心和照顾。法律规定的对于老年人的赡养义务，主要包括三个方面，即经济上供养、生活上照料和精神上慰藉。赡养义务的履行应符合道德要求，其具体内容法律不可能一一列举。但是《老年人权益保障法》针对社会生活中易发纠纷的问题特别提出了以下几点：

1. 赡养人对患病的老年人应当提供医疗费用和护理。

2. 赡养人应当妥善安排老年人的住房，不得强迫老年人迁居条件低劣的房屋。

3. 老年人自有的住房，赡养人有维修的义务。

4. 赡养人有义务耕种老年人承包的田地，照管老年人的林木和牲畜等，收益归老年人所有。

（三）履行赡养义务不可以附条件

赡养义务是宪法明确规定的公民义务，是中华传统道德的要求。赡养义务的履行是不能以附加条件为前提的，赡养人也不得以放弃继承权或者其他理由，拒绝履行赡养义务。赡养人亦不得要求老年人承担力不能及的劳动。

案例详解：赡养可以附条件吗？

陆某夫妇是年近7旬的老人，共生育二男三女。他们含辛茹苦将儿女拉扯大。随着子女们成家立业，陆某夫妇也逐渐丧失劳动能力。陆某夫妇本与次子一起生活并由次子负责赡养。次子结婚后以承担两个老人生活费负担过重为由提出陆某夫妇应由兄弟俩每人负责赡养一个。不料陆某夫妇的长子以陆某夫妇在分家时财产分配不公平为由拒绝承担赡养义务。无奈，陆某夫妇只得居住在阴暗潮湿且破旧不堪的危房中，粮食和基本生活费没有着落，不得不举债度日。无奈之下，陆某夫妇将五个成年子女告上法庭，要求子女负担他们的生活费。而作为被告之一的长子却认为要他赡养可以，但条件是家庭财产要重新分配，出嫁女儿则认为"嫁出去的女儿泼出去的水"，自己已经出嫁了且目前也需抚育子女，故无条件也无义务履行赡养义务。

法院审理后认为，五被告系原告陆某夫妇的儿女，在陆某夫妇丧失劳动能力需要他人赡养的情况下应对二原告承担赡养义务，而且此赡养义务不应附随任何条件。子女提出的分家析产属于另外一种法律关系，不应在此赡养纠纷中一并解决；被告之一女儿提出其已出嫁不应承担赡养义务的辩称属无理，不予支持。遂依照《中华人民共和国婚姻法》第二十一条第一、三款规定，判令原告陆某夫妇的五个子女每月共同支付老人生活费计600元。

分析：尊老爱幼、赡养老人是中华民族的传统美德。我国《婚姻法》第二十一条第一、三款规定：父母对子女有抚养的义务；子女对父母有赡养的义务。子女不履行赡养义务时，无劳动能力的或生活困难的父母有要求子女付给赡养费的权利。同样内容在我国《老年人权益保障法》中也有明确的规定。这就是法律规定成年子女应当承担赡养老人的强制性义务。这种强制性义务不容许附随任何条件。陆某夫妇长子以"赡养老人可以，但必须是以财产平分为条件"，给法律规定的强制义务附加一些无理条件；其女儿以"嫁出去的女儿泼出去的水"的农村旧习俗对父母不履行赡养义务，当然不能得到法律的支持。

此案告诉我们，成年子女无论是否嫁娶，无论是儿子还是女儿，也无论子女与父母有这样或那样的矛盾及隔阂，只要父母丧失劳动能力需要子女尽赡养义务，子女都应当对父母尽赡养义务，不能附加任何条件来免除子女对父母的赡养义务。

除上文所述的作为未成年人的特殊义务以外，作为中华人民共和国的公民有以下基本义务。根据《宪法》，凡是具有中华人民共和国国籍的人都是中华人民共和国公民。中国公民有哪些基本义务，是青少年必须明确的。公民的基本义务主要包括：

①维护国家统一和全国各民族团结的义务。

②遵守宪法和法律，保守国家秘密，爱护公共财产，遵守劳动纪律，遵守公共秩序，尊重社会公德的义务。

③维护祖国的安全、荣誉和利益的义务。

④保卫祖国，依照法律服兵役和参加民兵组织的义务。

⑤依照法律纳税的义务。

二、道德义务

（一）作为人之根本的青少年底线道德教育的内容

1. 对自我的关怀：珍惜生命，悦纳自己；改善自我，推崇奋斗

（1）珍惜生命，悦纳自己

听从生命的律动，让生命健康的成长与展现。生命，一个平凡的字眼，却是人类永恒的话题。人的生命是肉体与精神的统一整体。众所周知，人工智能是当今科学的一大突出的贡献，曾在麻省理工学院研究人工智能的莱弗斯认为，身体问题是对人工智能最大的考验，人类的思维与身体的联系密切，首先要有身体的存在，才能在此基础上发展理智结构和推理能力，身体是支撑精神和心灵的基础，身心之间具有许多反馈活动。每一个个体都是其所属人种的一个特例，是人类全部特征的代表，同时又是具有自己独特性的一个个体，从这个角度来讲，又是唯一的。世界上所有的个体都是独一无二的，没有两个完全相同的个体，即使是双胞胎也各不相同，这是生命的遗传所赋予的独特性。每个个体都具有各自独特的发展领域。个体所拥有的生命不仅仅属于他自己，还属于全人类，属于其种族，属于创造了他的存在的父母，属于他的亲属和朋友。在真实具体的生活中，个体的生命逐

渐展现，逐渐成长。生命展现、成长的过程和生活的过程是统一的，生活是生命存在的前提，但有生活并不意味着生命就有意义，它只给生命的存在提供了必不可少的前提条件。生命还赋予每个个体一个神圣的使命：怎样生活才使得生命富于意义？

生活主要是关于人们在当下的活动与感受，中国传统的哲学观偏重于生命的意义而忽视当下的生活，过于关照生命的超越性存在和境界的提升。与传统社会相反的是，现代社会中由于市场经济的运作和个性的凸显，许多人过于专注生活却相对忽视了生命的问题，从而导致一系列新的人生困惑和社会问题的出现，有些人没有意识到生命的珍贵，会承受不起挫折，例如，失恋、失业、各类经济原因等，甚至会因一些微不足道的小事而选择轻率地结束自己的生命，有些人因为忽视了各种安全问题而导致了生命的终结。特别是正处于青春期的青少年，身心发展尚未成熟，更容易出现各种问题，近年来，青少年的自杀现象日益增多，仅仅因为老师的一句批评或同学间的一些小矛盾，就有可能选择给自己的生命画上句号。生命是神圣不可侵犯的，人的生命只有一次，任何人都没有权力剥夺生命的存在。

事业、道德、名利、金钱等等是在生命的基础上建立起来的，如果失去了还有重新获得的机会，但生命不可以，一生中只有一次，没有彩排，不可重复，它是那么的脆弱的，就在一刹那可能就会消失。所以生命对于人来说是弥足珍贵的，是最珍贵的艺术品。我们不仅要珍惜这独一无二的生命，听从生命的律动，促进生命的健康成长与展现，还要积极地生活，探寻、发现、展现生命的价值和意义，提升生命的境界。

自我肯定，悦纳自己。悦纳自己就是通过一定的途径和方法，客观地认识和评价自己，接纳自己的一切，对自己形成一个比较清晰的整体印象，从而树立积极地自我概念，正确的对待别人对自己的评价，挖掘自己的优点，勇敢地正视自己的缺点，并能够用发展的眼光看待自己。悦纳自我是个体心理健康的重要表现。当个体快乐地接受了自己，由于自我概念明确，他的的整个心胸便会舒展和开阔，在此基础之上，便会开始积极健康的生活，同时悦纳自我也使个体更加容易接受他人，发展和谐的人际关系。

青春期在人的成长过程中是一个特殊时期，身心快速发展，有强烈的独立愿望和自由的要求，但由于自身知识和经验的有限，又不得不对他人产生依赖。青少年会对自己生理上的变化感到有些惶恐，对心理上产生的变化也有些不知所措，这一时期的自我意识将得到发展，面对一些问题，他们困惑而茫然，常常思考"我是谁?"，并试图做出回答。他们试图寻找并获得一种恰当的自我认同感，反复比较别人对自己的评价与自我评价的不同之处，特别看重同辈群体的认同。在同辈群体中受欢迎的程度越高，自信心就越强，自我概念也更积极，否则就会自卑，自我概念就会比较消极。他们的思维呈现出片面化和表面化的特点，会经常关心别人对自己的看法，所以往往不能客观地对自己做出评价。况且，独生子女这一现象使得他们交往经验缺乏并且以自我为中心，经常会因对自己缺少全面正确的了解和评价而引发各种问题。因此，让青少年悦纳自己，客观地评价自己，并能正确对待他人评价，在这一特殊发展阶段具有重要意义。

很多时候，个体成长的强大动力来自自身。悦纳自己，可以形成对自我的积极认知，悦纳自己，也就是肯定自己，相信自己，这是成功的精神动力和力量源泉。一个接受、赏识自己的孩子，更容易取得事业上的成功，生活的将会更加幸福。社会的进步使生活方式发生了较大的变化，竞争压力、各种各样的生活压力、学生的学习压力等增大，导致人的生存问题更加突出。历史和现实告诉我们，成为社会不安定因素的，往往是那些缺乏生存能力的人，如果他们连自己也无法养活，自我不保，怎么又会实现自己的价值，怎么又会对社会做出贡献呢？同时他们在道德与精神方面也是贫瘠的。因此，为了防患于未然，教育工作者有职责有义务教育青少年首先要学会生存。活着是生存的最低层次。珍惜生命、悦纳自己就成为青少年学会生存教育的第一条道德底线。应该在中学普遍开展生死教育，从情感信念上进行引导，善待生命，敬畏生命，看淡看轻生活中的各种荆棘和坎坷，追求一种不让自己后悔的生活。

（2）改善自我，推崇奋斗

两种世界与人的两重性。人与动物一样，有一定的生理构成，为了能够在这个世界存活下去，必须满足生理需要的各种欲望。从这个意义上来看，人是一种实然的存在，是现实的、可感知的，人生活在当下的现实世界之中，生活在既定的物质世界之中。人的生存，包括吃穿住行，都离不开他的物质世界，人的实然性存在为人之为人的提供了必备的物质基础。然而人与其他动物不同的是，人又是有意识、能够反思的的动物，人不会单纯地为了生存而生存，不会仅仅满足于自己的物质欲望，他要发现自己存在的意义，也就是说，人还有另外一个世界：意义世界或精神世界。他会根据意义世界来谋划未来的生存和生活，为了这个意义世界他可能会摆脱或限制自己的物质欲望，甚至会终止自己的实然性存在。人类个体会按照自己的意义需要或精神需要，通过各种对象性的实践活动，超越现存的、既定的自己，打破预成的、宿命的生存方式，实现自己所追寻的意义世界，实现所应是的精神世界。因此，从这个角度来看，人又是一种应然性的存在。正如马克思所指出的那样，人是双重性的存在着，首先人在自然界、社会中客观地事实地存在，这是自己有限的、实然性的一面，然后作为自身而存在的存在物，人又在动态的生成之中，创造自己的历史和价值，存在于思想和理想之中，体现人之为人的特征，这是无限的、应然性的一面。

自我改善，推崇奋斗。人在本质上是实践的，实践解开了人的实然与应然两重性的密码。人自身的具体存在具有自然与历史所赋予的既定性，但人之为人的本质特性，促使他通过自由自觉的社会实践活动不断地对这种自在性和既定性进行超越和扬弃，通过动态性的、生成性的建构，达到所追求的应然状态。同时，人在实践中，还会不断产生新的物质需要或精神需要，但是人已有的既定性存在总是不能满足这些需要，二者之间就存在着一种张力，促使人不断地处在否定现有的自在形式，追求应然的状态之中。人们追求到的应然，又会成为下一个实然，二者不断地交替变化着，处于矛盾统一的动态过程之中。人的实然与应然的矛盾运动推动着人不断地从非人化走向人化，从自在走向自为，从必然走向自由，人得以不断地提升自己，发展自己，并变化世界、改造世界。人通过持续的学习、工作和劳动，就可以实现自身的应然性，改善自我。教育工作者要让青少年明白，只有学习和劳动才能创造一切，才能实现自己的理想和价值目标。那种妄图不劳而获的思想只会使人走形道德堕落的境地，最终走向违法犯罪的道路。因此，在底线道德教育中，培养青少年的学习和劳动观点、让他们意识到学习与劳动的价值，就成为一项相当重要的内容。教师还要对青少年进行职业指导，引导其确立远大的理想，确立明确的奋斗目标，并通过这种崇尚奋斗的底线道德教育，让他们明白，只有通过持续不断的奋斗才能提升自己的人生品味和生命价值；要使其能充分发挥主体性和创造性，为自己的理想和奋斗目标努力学习科学文化知识，不断的丰富自我，改善自我。

2．对他人的关怀：学会交往，尊重他人；诚实守信，履行责任

（1）学会交往，尊重他人

人是社会中的人，是一种关系性的存在。马克思认为，人是历史

的、具体的社会关系的存在，在现实的社会中，根本就不存在抽象的人。人从一出生就不可避免地处于所赖以生存的自然环境和社会环境之中，从这个角度来讲，人是一种对象性的存在，人的存在依赖于他的对象物，生存状态也要有其所依赖的各种对象关系规定。这些对象性关系，既包括与自然的关系，也包括与人类社会的关系，人是社会关系中的人，是一种关系性的存在，在各种联系日益密切的今天，这种存在更为凸显，其中，最重要的就是人与人的关系。人，从获得生命开始，无论是身体的生成与发展，还是心理的生成与发展，都呈现出一种关系性的相关性。例如，人基因的获得、后天成长所需的一切，都是关系性的产物。人总是以这样或那样的方式和他人发生联系，相互作用。可以肯定地说，不存在无关系的人，每个个体的存在也只有通过他人的存在得到证实。

在人类社会的早期，由于个体在大自然面前的软弱无力和自身思维的局限性，人与人之间完全处于相互依赖之中，单独的个体没有存在的价值和意义。人类社会发展到奴隶社会和封建社会之后，人与人之间是一种以人身依附为特征的隶属关系，个体的人格相应地呈现出服从、驯服、恪守本分的特点。伴随现代化的推进和文明的发展，人类进入资本主义社会，自由、民主、平等的理念深入人心，人的个性得到张扬，人性得到解放，每个个体都是一种"单子式的存在"，呈现出的独立性以对物的依赖性为基础，人与人之间建立了一种社会契约的关系。从上世纪的50年代至今，伴随着信息化、全球化、多元化的进程，人类的生存方式发生了翻天覆地的变革，人们之间的相互联系跨越了时空的界限，更加密切，更加内在化，由于种种原因，人们之间随时都有可能发生联系，由于个体发展的需要和人类共同的命运，不论在何种条件下，人们都不是孤立的、自我封闭式的存在，而是一种"共生性的存在"。后现代主义者，格里芬等人，认为人与人、人与物之间是一种内在的、本质的、构成性的关系性存在，各具独特性、创造性的个体的思想和行动不仅与同时态的人联系着，还与历时态（过去和未来）的人相互关联。共生性的关系就构成了一个密切交织着的多元的动态的整体。处在种种社会关系中的个体，需要交往，渴望与人交往相处，并表现出亲近行为的一种强烈的交往动机。

学会交往，理解和尊重别人。每一个个体都不可能脱离他人而在这个世界上孤立地存在，不存在孤独的个人。人人都需要关心、亲情、友情、和爱情；在个体的发展上，需要他人或社会团体的认可、支持和合作。因此个体就产生了一种与人交往相处的需要，如果这种需要得不到满足，个体就会孤独，导致抑郁、冷漠和敌意，丧失安全感，甚至会产生人格障碍等。让青少年学会与人相处，学会与他人共同生活，也是一种道德范畴。而对人的尊重和理解，是交往的道德底线。

所谓理解就是要理解他人的价值、愿望和价值追求等，没有理解就不可能产生善的意识和行为。德国哲学家施莱伊马赫认为理解是一种心理上的复制和重构的过程，这种过程是建立在理解者重新体验他人的心理、精神基础之上的。理解者投入自己的全部人理正格因素，与被理解者相遇、相知、相通，将心比心，设身处地的去衡量、体会对方解是两个主体之间的双向交流，要把握的是人的意义、价值和人们之间的意义关联如弗洛姆所言，"通过认知，具有生机灵性的人的路只有一条：经由和谐相融而非理智所能提供的任何知识，我捧出自身，我融入他人，由此我找到自己，发现自己……"

人际交往中，要以双方地位的平等为前提，与人为善，"己所不欲，勿施于人"，凡是自己不想要的东西或不想做的事，也不要强加给别人。不能为一己私利，欺骗坑害他人，要学会换位思考，善解人意，不能以小人之心度君子之腹，让人际关系多一份理解，少一份猜忌，多一份协调，少一份紧张。同时也要做到"己所欲，也应勿施于人"，这是因为自己所需要的东西，并非一定是别人所需之物，这也是对别人的一种尊重。

在日常生活中要尊人什么呢？我们要尊重别人的人格尊严，不流言蜚语议人长短；尊重别人的意见，不盲目符合也不强加于人；尊重别人劳动价值和正当权利，不干涉别人隐私；还要尊重别人的民族习惯等。人们经常奉行这样的原则："你敬我一尺，我敬你一丈"，可以想象，一个不尊重别人的人又怎么可以得到别人的尊重？其实，人们往往是自尊有余而尊人不足，轻视别人的结果换来的也是别人的轻视，一个自以为是、为我独尊、处处嘲笑、讽刺别人的人，绝对是不可能得到别人的理解与尊重的。要想得到别人的尊重，就要先尊重别人，无论是在上下级之间、师生之间还是亲子关系之间，都是如此。无论是在行为处事上，还是在待人接物的态度上，都应理解和尊重别人，以礼待人，这样，我们所处的社会将会变得更加和谐。

（2）诚实守信，履行责任

古今中外，均把诚实守信，履行责任作为人们的为人处世的行为准则和处世根基。诚实，为守信之基，守信，履行责任，为诚实之果。"诚，信也"，"信，诚也"，由此可见，诚与信的内涵辨证相通。诚实是做人之根本，更注重自己的内心深处的感受和思想情感的表达；守信是行事之根基，守信，履行责任则要求忠诚于所应承担义务和履行的责任，遵守并兑现自己的诺言。"人无信不立"，"言必信，行必果"。诚实守信，就是要诚实无欺，恪守信用，言行一致，履行责任。

在当代，我们提倡诚实守信，履行责任，并把其作为底线道德的内容之一，既传承了我国的传统美德，又顺应了时代发展的必然要求。

首先，诚实守信，履行责任是中华民族的一个传统美德。在我国传统道德中，诚信被作为人际交往中最基本的道德规范，也是孔子实施品格教育的内容之一。孔子认为，"信则人任焉"。人如果守信，就可以获得他人的认可和任用，获得成就事业的机遇。在他看来，"人而无信，不知其可也。"孟子认为"诚"在道德修养中具有重要作用："诚者，天之道也；思诚者，人之道也。至诚而不动者，未之有也；不诚未有能动者也。"他认为"诚"是人的善端被发扬后所达到的最高境界。宋朝朱熹曰："诚者何？不自欺、不妄之谓也。"诚实守信，就是一个人在社会上立身处世，要诚信，不自欺，不欺人，不做不该做的事，言行一致等。在中国历史传统中，诚信历来就是人们普遍遵守的伦理道德规范。

其次，诚实守信，履行责任是社会主义市场经济的内在要求。社会中大量存在着的信用缺失现象，例如，假冒伪劣、合同欺诈、偷税漏税、虚假报表等，严重阻碍了社会经济的健康发展。信用缺失，严重扰乱了市场经济秩序，致使企业也不能正常地发展，所造成的信用危机对整个社会来讲都是贻害无穷。责任是社会良性发展的道德基础，诚信是当代经济社会的生命，是一种公认的财富，是一切经济活动的基础和保证，缺失诚信，经济发展最终将寸步难行。我国社会主义初级阶段的社会主义市场经济也是法治经济，可是仅仅依靠法治还不能保障经济又快又好的发展。诚实守信是市场经济的基本原则，是在经济活动中必须遵循的行为规范，在根本上符合我国经济建设对底线道德的基本要求。要建立规范的市场经济秩序就要重视契约、讲究信用和建设良好的社会信用体系，这也是保障国民经济健康持续发展的先决条件。

再次，诚实守信、履行责任也是社会个体为人处世的重要的和基本的行为准则。责任是个体基础性的道德品质，千百年来诚实守信、履行责任一直被视为是立身处世和待人接物的重要原则和做人的美德，也是道德的基础，是处于最底层的道德准则。这种基本的道德准则也是当代的社会个体应该遵守的底线道德，是青少年底线道德教育的重要内容之一。诚实守信针对所有的社会个体而言的，对任何人都有普遍约束性。诚实守信首先是一种社会公德，是社会对做人的起码要求。诚实是我们对自身的一种约束和要求；讲信誉、守信用是外人对我们的一种希望和要求。在我们的社会里，不管一个人是什么身份，也不管一个人的的地位有多高，亦或有多么普通，都要诚实守信，这是为人之根本。否则，为官不诚信，就要失信于民，为民不诚信，就要失信于他人，都会失去人格，也就无所谓事业的发展和理想的实现。

要加强思想道德建设就要"弘扬爱国主义精神，以为人民服务为核心，以集体主义为原则，以诚实守信为重点，加强社会公德、职业道德和家庭美德教育"，明确提出要以诚实守信为重点，这是针对我国公民道德建设的实际情况和实际问题总结的一个重要结论。道德教育工作者要从青少年自身的实际情况出发，让他们明白诚实守信既是市场经济的基本原则，又是自身道德水平的一个标志，是以后踏上工作岗位为人处世、以德立身的基本要求，现在就要从小事做起，诚实守信，不作弊、不偷盗、不打架斗殴、不破坏公物等，由他律到自律，逐步形成良好的道德行为习惯。

3. 对社会的关怀：爱国守法，崇尚科学；义利统一，公私兼顾

（1）爱国守法，崇尚科学

热爱我们的祖国，就是我们所说的爱国主义，它是一种道德情感，也是我们的义务和责任。它是一种人们发自肺腑的对自己祖国的忠诚、热爱与报效的情感，这种感情是那么的深厚、强烈、触动灵魂，是对祖国的无限热爱之情和对为祖国奉献牺牲精神的统一。它是一种源远流长的道德情感和态度。是在人类社会发展进程中逐渐形成的一种凝聚力和向心力，与国家、民族的出现一样历史悠久，是推动社会进步的强大动力。同时，它作为一种道德规范，还可以调节个人与祖国、民族和其他国家之间的关系。祖国的命运和个体的命运息息相关，没

有祖国也就无所谓个体的存在、发展和进步，因此，人们对自己的祖国产生一种深深的热爱和眷恋之情。由于具体历史发展的不同，不同的国家和民族的爱国主义的内涵可能不尽相同，但是爱国主义却是全世界共有的一种古老的历史传统和道德情感。作为一种根深蒂固的爱国之情，爱国主义的表现形式多种多样。有对乡土之爱，对文化、历史传统之爱，对祖国河山之爱等，最高尚的爱国之情是对其前途和命运的极度关爱，甘心情愿为祖国的繁荣昌盛奉献甚至牺牲自己的一切。

爱国主义只要形成，就会对国家和民族的发展产生巨大的影响和作用。有助于国家的稳定、统一和发展繁荣。它使人们意识到国家、民族利益的重要性，还可以激发人们为国家、民族奋斗的热情。我国历史上有许多反对分裂维护国家统一、抵御外族侵略、和自强不息等的爱国主义的表现。从一些思想家的言语中也可看的出来：例如，范仲淹的"先天下之忧而忧，后天下之乐而乐"，顾炎武的"保天下者，匹夫之贱，与有责焉耳矣"，等等。最近几年来，我国经历了多次自然灾害，在爱国主义的强大作用下，全国人民众志成城，共渡难关。爱国主义的传统已经深深地扎根于中华民族的伦理思想之中。

教育工作者要让青少年了解祖国的历史和现状，培养他们对祖国的感情和责任感让他们意识到这是自己的神圣职责和必尽的义务。爱国主义不是与生俱来的，没有对自己祖国的深刻认识，强烈的爱国之情就难以产生。要鼓励他们把这种感情和信念付诸于实际行动，哪怕是像爱惜公物等一点一滴的小事也能显现一个人的爱国之情。培养他们的民族自信心、自尊心和民族自豪感，维护祖国的统一，反对任何分裂活动，使其努力学习以便能自觉地投身于社会主义建设之中。

爱国的同时还要守法。法律是一种维护社会正义的社会规范，与道德紧密联系在一起，是道德的底线。法律是国家通过一系列程序制定的，是形而下的事物，它通过强制性的扬善抑恶来保障民主、自由

和安全，维护社会安定与和谐。柏拉图认为，法律是维护正义的一种
手段，他认为法就是正义的化身，二者具有等同性，只要是法律所规
定的就是公道的、合理的，反之，则是非法的或不公正的。近代古典
自然法学的奠基人，格老秀斯认为，"正义，和事物的本性或目的相
一致，是维护法律不可或缺的重要因素，是人定法律的基础与目的，
而法律则是正义的体现和实现手段。"罗尔斯认为，"一个法律体系是
一系列强制性的公开规则。提出这些规则是为了调整理性人的行为并
为社会合作提供某种框架。当这些规则是正义的时候，它们就建立了
合法期望的基础。它们构成了人们相互信赖以及当他们的期望没有实
现时可直接提出反对的基础，如果这些要求的基础不可靠，那么人的
自由的领域就同样不可靠。"社会正义是法律的内在品德，法律通过
制定的成型的制度表现把它出来，把它外化，形成法律规范。法律的
终极价值目标就是追求正义，在具体的法律运作中，法律对所有人都
一视同仁，秉持不偏私的价值观，法律面前人人平等。法律与道德都
是社会规则，但不等同于同一事物。二者紧密联系在一起，违反道德
的行为不一定是违法的，但违反法律的行为一定是非道德行为，法律
各个方面都受到社会道德规则和观念的影响。法律如果要想从根本上
得到人们发自内心的尊重而惧怕，必须符合人们信奉的道德理念，符
合人们心中秉持的是非善恶的标准。从这个意义来讲，法律的根基就
是社会的道德规范和道德原则。何怀宏认为，"现代的社会的道德几
乎可以说是一种'最低限度的道德'，亦即一种'底线伦理'，而法律
可以说是这种'底线伦理的底线'"。并且，法律特有的强制力能够保
护和促进社会道德规范的宣扬与发展，抵制或减少消极、没落、腐败
等各种不良道德观念对社会成员的影响。

法治体现了底线道德的内涵。法治是中国社会主义追求的两大目
标之一，是和谐社会的一个重要特征，我们当前的社会主义国家本质

上是民主与法治的国家。法律赋予公民诸多权利，也明白告知其应承担义务，让社会成员知晓"应该做什么"和"不能做什么"，法治通过法律反映了对公民的最低限度的道德要求。法治与人治是一组相对应的治理国家的模式，几千年来，中国都是传统的封建主义人治模式，儒家思想所坚守的是"德主刑辅"，法治氛围缺乏，因此，由于法治的缺位，以往所追求的和谐都不能称为真正的和谐。通过法治表现出来的制度和谐是社会主义社会和谐的基础。法治是我国社会主义和谐社会追求的目标，法治所具有的外在的强制性，与底线道德的特点具有内在一致性，体现了底线道德的基本内涵和要求。

　　青少年是社会主义国家建设的未来中坚力量，必须加强他们的法律修养，把遵纪守法作为青少年底线道德的基本内容之一。从现代社会健康发展的内在要求来看，一定的法律修养是当代青少年必备的素质，教育工作者应充分意识到中学法制教育工作的重要性，树立大德育的观念，把握好中学法制教育这个德育环节，积极全方位地推进素质教育。法制教育，不仅能提高青少年法律素养，还能促进青少年的基本道德素养巩固和提升。要让青少年从内心深处真正的去认同法律的真实内涵，意识到法律的强制性和权威性，在日常生活实践中遵守法律，不管是在校内还是校外，不违法，不犯纪，敬畏道德和法律，自觉维护法律的尊严。

　　崇尚科学，反对愚昧无知。科学是社会进步的巨大动力。《辞海》中对科学的解释是，"科学：运用范畴、定理、定律等思维形式反映现实世界各种现象的本质的规律的知识体系。"科学是揭示客观事物的本质和规律的知识体系，培根说过，"知识就是力量"，邓小平强调，"科学技术是第一生产力"。科学技术日新月异的发展，越来越有力地改变着当今世界的面貌，一个国家的现代化，首先应该是该国科学技术的现代化。众所周知，近现代历史上，世界经济中心发生了五次转移，从意大利到英国，然后转移到法国，再转移到德国，最后转移到了美国，无一例外的是，科学技术中心的转移带动了经济中心转移的发生。当今时代，科学技术快速发展，一个国家的发展水平从根本上取决于这个国家的科技知识的普及程度和这个民族的创造力。

崇尚科学，要根据客观世界的本来面目来揭示客观规律，用科学的知识、态度和方法来解决问题。科学技术的进步带动了整个社会进步，一部人类文明发展史，实际上是一部科学技术发展史，是一部科学战胜愚昧的历史。尽管崇尚科学并不等同于具备科学素养，但我们可以肯定地这样说，不崇尚科学的人往往难以具备科学素养。一个人在社会中所做贡献的多少，与这个人所具备的科学素养具有较强的相关性。崇尚科学体现了对科学思想和科学精神的渴望与呼唤。一个崇尚科学的民族，必定是一个不断创新，充满生机和活力的民族，这样，才能不断的提升整个社会和民族的文明程度。

科学的对立面是伪科学，是反科学。崇尚科学就要反对伪科学、反科学，反对愚昧无知。与经济的发展不相适应的是，反科学、伪科学的事情经常发生，愚昧迷信活动也频频出现，如邪教、占星术、风水、相命等，这些都是愚昧无知的事情，是对某种自然力量或某些社会力量的无端畏惧和屈服，是可悲的，可耻的，都不同程度地影响了我们的学习和工作，与时代潮流的发展是相违背的。科学技术，作为推动人类历史进步的杠杆和基石，是战胜愚昧落后、反对封建迷信和邪教的强大力量与锐利武器。因此，要增强青少年崇尚科学的光荣感，使其树立科学态度，认真学习和掌握科学知识，提高青少年的基本科学素养，以科学和理性的态度促进国家经济和文化的发展。

（2）义利统一，公私兼顾

义，是指人们的所为应该遵循和符合道德的标准与要求，具有一种外在的强制性，否则就是不义。利，指在现实社会中与人们相关的各种利益。义与利的关系问题实质上是道德与利益的关系问题，是关于在社会经济活动中人们如何处理道德与利益之间的冲突，在道德与利益的问题上如何做出取舍。如果人们的行为片面地以利为行为的唯一标准或目的，必定导致人们在利益关系上出现冲突。与利不同的是，义，在道义上超越了个体的特殊利益，对个体利益与他人或集体利益的纷争具有调节作用，具有普遍性的品格。实际上，义与利二者之间并不是任何情况下都处于对立的角度。只要是符合道德标准的"利"，都是正当的和可取的；相反，如果是不道德之"利"，则是不义的，不可取的，正如马克思所言，"'思想'一旦离开'利益'，就一定会使自己出丑。"义约束和反对的是不"义"之"利"，这种利，是通过非道德的手段取得的。因此，义与"不义之利"是对立的、冲突的，与正当之利却是一致的、协调的。

"先义后利"，是儒家思想在义利关系问题上基本的道德要求。孔子强调君子要"义以为上"和"义以为质"，他说："君子义以为上。君子有勇而无义为乱，小人有勇而无义为盗。""君子义以为质，礼以行之，孙以出之，信以成之。君子哉！"君子要崇尚义，有勇而无义就会导致问题的发生，小人有勇而无义则可能变成强盗。义是君子内在本质，要用礼的规范去表现，用谦逊的言辞去表达，最后用诚信的态度完成义的行为。当人们面临义利冲突，需要作出选择时，应该"见利思义"，"先义后利"，"义然后取"。孔子把义作为获取利益的价值尺度，因为他认为"君子喻于义，小人喻于利"，"富与贵，是人之所欲也；不以其道得之，不处也。贫与贱，是人之所恶也；不以其道得之，不去也。"一般而言，人们都希望富贵，不喜欢贫贱，但是如果采取的是非道德的方法，不择手段的去追求，则宁可不要富贵，安于贫贱。儒家思想还强调，关键之时要舍生取义："鱼，我所欲也，熊掌亦我所欲也；二者不可得兼，舍鱼而取熊掌者也。生亦我所欲也，义亦我所欲也；二者不可得兼，舍生而取义者也。"这是儒家伦理思想关于义的最高价值原则。由此可见，儒家义利观追求的经由合法手段而获得的利益，反对的是不义之财，非道德的利益。

近代以来，西方的功利主义理论被介绍到中国，对我国传统的"重义轻利"的义利观形成了较大的冲击。亚当·斯密认为人们应当追求个体利益："每一个人在他不违反正义的法律时，都应听从其完全自由，让他采用自己的方法，追求自己的利益"。同时他也肯定了人们追求公共利益的正当性："正是由于我们自己的根本利益被看成是整体利益的一部分，整体的不仅应当作为一个原则，而且应当是我们所追求的惟一目标。"这样，在东西方义利之辩影响与冲突之下，处于社会转型期的人们面临现实的义利选择时往往矛盾重重，有些人可能会见利思义做出而明智之举，有些人可能会见利忘义，损人利己，损害国家、集体或他人利益。

义利统一，公私兼顾，是人们正确科学的处理义利关系的道德底线，也是青少年必备的精神品质和道德素养。在市场经济条件下，人们会面临越来越多的义利选择，如何在物质利益与道德规范之间做出科学正确的权衡与取舍，是一个不能回避的问题。个人利益与集体利益是辩证统一的，总的说来，国家、集体的利益高于个人利益，当个体利益与国家、集体利益出现冲突时，个人利益要服从集体利益必要时甚至可以牺牲个人利益。在处理与集体利益的关系时，要体现出集体利益的至上性，因为，社会主义的集体利益是共同的利益，关照的是社会公平，决不是作为一种具有独立历史的独立力量而与私人利益相对抗。集体利益的实现是个体利益实现的前提，而个体的利益是国家、集体利益的一部分，离开了国家或集体，也就无所谓个人的发展，都是空话而已。即使个人利益和他人利益发生冲突时，也同样要义利兼顾，要关注自己正当的个人利益和个人价值，不能为了一己私利而做出损人利己之事。我们只有把利益与道德的关系问题处理和谐融洽后，才能真正的为社会服务，才能真正体现出个人的价值、也才能公平的获得回报和利益，不能为了目光短浅地为了一己私利违法犯罪、或钻法律的漏洞损害集体利益、他人利益。我们要在合理正当地满足个人利益的同时，自觉地为他人为社会多尽义务、多做贡献。在日常学习和生活过程中，青少年要正确对待自己，正确对待他人，正确对待集体，正确科学地处理种种利益纷争。

4. 对自然的关怀：敬畏生命，善待他类

敬畏，是人类的一种既敬重又害怕的情感态度，指向内心崇拜一切的事物，心存敬重，并有所畏惧，不敢逾越此界限。"敬"与"畏"是一对相互联系又相互矛盾的情感体验，这种既相互联系又相互矛盾的情感体验保持了一种适度的情感张力，使得行为主体在追寻自己的终极价值时还能够反观并意识到自我的有限性。康德说过，"这个世界上唯有两种东西使我们感到感动和敬畏，这就是我们头顶的星空和心中的道德法则"有些人可能敬畏自然，有些人可能敬畏心中的道德法则，有些人可能敬畏生命，但不管人类敬畏的对象是什么，总要有所敬畏才行，这样行为主体才会懂得什么是合理的和值得去追求的，什么又应该是要逃避或者不能做的。

生命，不管是人类还是其他物种，是不可重复的，同时又是是脆弱的，而人类的生命还具有其他物种所不具备的独一无二的创造性。生命的产生、存在与消亡是一个不可重复的体验过程，而生命的消亡给他者带来一种痛苦的感受和创伤，人类及其他任何物种都承受不起肆意伤害、毁灭生命的严重后果。基于此，生命是值得善待和敬畏的。人道主义者，法国的史怀泽认为："善的本质是：保持生命，促进生命，使生命达到其最高度的发展。恶的本质是：毁灭生命，损害生命，阻碍生命的发展"史怀泽否认生命有高低贵贱之分，他把人类的博爱推及至所有的生命物种，只要是生命，就应该善待和敬畏、保持和促进，使一切生命达到最高程度的发展。敬畏生命，善待他类，已经成为当代道德伦理关注的热点之一，敬畏和善待生命也是人类所应具备的最基本的内在德性，是人之为人的道德底线之一。

现代经济社会的伦理一度把经济方面获得的成功视为最高的善，认为经济的高度发达定会使人类的福祉最大化，是人类的生活和所追求的幸福的终极目标。不可否认，这种伦理观对于推动经济的发展有着一定的作用，并且取得了相当可观的效果，但却呈现出这样的弊端，且对人类自身有一种致命的杀伤力——用外在的经济价值来代替内在的道德价值，忽视了人类作为生态物种之一的责任和义务；用单纯的经济上的利己来替代伦理上的利他，片面强调了人类中心主义。把视野局限在经济方面，忽视了这种偏差所带来的严重后果，实际上人类己经在某种程度上品尝了自酿的这种苦果，如乱砍滥伐导致的沙漠化、洪水泛滥，乱排乱放导致的各类污染、温室效应、物种的灭绝等等。把人类的福祉作为唯一的价值标准，结果却致使其他物种的消亡以及自身赖以生存的自然环境的严重破坏。经济至上性从本质上拒绝了对于经济合理发展性的思考，没有意识到，经济只是人类所有的制度的一部分这样一个事实，以偏概全，把部分视为整体，所表现出的是人类权利的本位和效率至上，因此不能不说是一种非常严重的失误。换句话说，即使从人类自身这一自私的角度出发，且不论生态本身的生命性，由于生态的破坏，人类也正面临重重困境，人类的赖以生存的生命环境得不到保护，从这个意义上来讲，人类无异于走上了集体自杀的道路，其后果的严重性可想而知，这也绝不是危言耸听。因此，在对青少年实施的底线道德的教育中，培养和加强青少年的科技伦理、生命伦理及生态伦理意识，使其意识到人与其他物种之间的关系史是一个统一的延续的历史，而非一个相互分割的片段。促使青少年在现在及将来的生活实践中，消费伦理化、生产科技伦理化，关爱地球上的一切生命体，时刻保持一颗"仁爱"之心，敬畏、善待生命的存在，从生命物种的整体高度来丰富自己的道德内涵、充实自己的道德规范、提高自己的道德素养。

第二节　学生认识义务的重要性

在成人社会中，人们普遍把未成年学生当作弱小的被动的保护和管理对象，而较少把他们作为具有个性和主体意识的个人看待。这易造成人们因学生的弱小而轻视他们，忽视学生的主体权利地位和承担法律义务的能力。从我国颁布的《宪法》、《教育法》、《义务教育法》、《教师法》、《未成年人保护法》等法律法规中，我们可以分析出：儿童不仅是被保护、的对象，同时也是权利与义务的主体，在教育领域中，学生既享有未成年公民所享有的一切权利，也负有接受教育和管理的义务。下面我们从两个方面谈谈学生认识义务的重要性。

第一，学生认识义务，有利于培养学生的法制观念，加强学生的责任感和义务感，忠实地履行自己应尽的义务。

邓小平曾说过："法制教育要从娃娃开始，小学、中学都要进行这个教育，社会上也要进行这个教育。"但是，目前我国中小学生不遵守《学生守则》，违反法纪，甚至触犯刑律的现象屡屡出现。据某省少管所资料分析，从未成年人的犯罪情况看，上世纪80年代某省少管所在押犯的平均年龄为17.6岁，上世纪90年代初降到17.2岁，2000年已降到15.4岁。这些少年犯基本上是处在接受九年义务教育期间。而全部在押犯中16岁以下的由上世纪80年代末的不足15%，上升到90年代末的30%多。另据有关未成年人违法犯罪调查的情况看，15 - 16 岁的约占 80%，14 岁以下的占 10% - 15%，而 17 岁以上的不足 10%。从中可以看出，14 - 16 岁是青少年违法犯罪的高峰期，且呈低龄化趋势。而这个年龄阶段的学生，对事物特别敏感，活泼好动，自制能力差，分不清是非，且又处于多愁善感的年华，心理不够成熟和健康，人生观和价值观尚未形成，缺乏一定的责任感和义务感，对法律知识的认识也不全面，很容易走上歪路，这就需要学校、社会和家庭给予适当的引导、管理和教育。此外，社会上还有一些不满 14 岁不够刑事处罚但已多次触犯刑律的违法少年，司法机关无从处理，其他部门又处理不了。如唐山市有一个 9 - 12 岁少年组成的 10 人少年盗窃团伙，他们多次盗窃自行车、VCD 机、光盘等，不到半年就盗窃价值 10 多万元的财物。破案后对他们既不能拘留又不能关押，只能采取教育手段，责令家长带回严加管教。但不到几星期他们就又发案了，多次进出派出所仍不能有效矫正这些未成年人的严重不良行为。从以上的数据和案例可以发现部分学生法制意识淡薄，存在着错误的法律观念，认为"自己是未成年人，只享有权利，还没有达到承担法律义务的能力，法律责任与自己无关"。因此，对中小学生进行系统的法制教育，增强中小学生法制观念和法律责任意识尤为重要。

第二，认识学生义务，有利于减少教育实践活动中的权利和义务的冲突，有利于教育任务的达成。

在学校中，常引起侵害学生权利的教育纠纷，这些纠纷实质上是学生管理制度与崛起的学生主体权利意识之间的矛盾。一方面，学校要担当起管理学生的义务，另一方面，学生的独立意识逐渐增强，追求自由权利的欲望使得他们不太愿意接受学校制度的管束。接受学校的管理是学生应尽的义务，追求自由是学生应有的权利。如果学生能辩证地认识权利与义务的统一关系，就不会产生两者之间的冲突。但事实上，学生的思维水平不高，是非观念不强，还不能正确地认识它们之间的关系，不少学生法制观念比较陈旧和片面，他们注重权利的享有，忽视义务的履行，这往往成为学校中引起侵害学生权利纠纷的重要原因之一。当然，其中也有学生管理制度中的不当因素和教师错误的学生观导致的。由学生自身原因引发的教育纠纷，不仅会对学生造成伤害，也会影响学校的教育教学工作，不利于教育任务的完成。

因此，认识学生义务，一是可以使学生形成正确的权利义务观，合理地保护自身的权利；二是可以保障学生顺利地履行义务，从而获得更多教师对学生权利的尊重，减少师生之间的教育纠纷，学校的教育任务才能完成。

第三节　健康人格的形成

作为青少年，我们是祖国未来的希望。我们享有着特殊的权利，接受着党和国家阳光般的照耀和温暖，履行法律与道德义务是我们应尽的职责。我国有着悠久的文明历史，道德教育在我国一直是重中之重，然而随着新中国成立以来我国的法制建设也在不断地完善，法制教育也在不断地普及。因此在新的时代，作为青少年的我们，必须知法懂法，并且更好的发扬我们的传统美德，才能使我们更好的成长，形成健康健全的人格，并为社会做出有益的贡献。

这里的健康健全人格主要指以下几个方面，希望读者可以共勉：

1. 爱心

一个人只有拥有爱心，他的存在才能对他人和社会具有价值，所以无论在东方还是在西方道德体系中都将爱心作为道德的最高准则，它是道德思想的出发点，也是道德思想的最终归宿。

人们的爱心大小是有差异的，根据爱心的大小可以划分出许多不同的层次。极端自私的人的爱心很小，他们的心目中只有自己，甚至对自己的子女和配偶也缺乏真爱，他们抚养子女的目的只是为了"养儿防老"，一种纯功利性的动机，如果不能达到此目的，他们可以毫不顾惜地将子女抛弃甚至虐杀；第二层次的爱是对子女和配偶的爱，因为这种爱包含着一些本能的生物学因素，因而这种爱的层次并不很高；第三层次的爱是对父母和兄弟姊妹的爱，许多人能够无条件地全心爱自己的子女，却不能以同样的爱心对待父母，所以爱父母和兄弟姊妹的层次要比爱子女和配偶的层次更；第四层次的爱是对朋友和同事等与自己相识并有较深交往的人的爱，这类人重友情，对朋友真心实意，他们对朋友的关怀和帮助完全出于情感的需要，没有其他功利性目的，付出时并不期望得到什么回报；第五层次的爱是对素不相识的人的爱，这种爱有时可以超越国家和民族的界限，成为对整个人类乃至众生的爱，拥有这种爱的人表现出强烈的同情心和对生命价值的关怀。现实社会中处于第二、第三层次的人较多，达到第四层次的人也有一些，而能达到最高层次的人则很少。

2. 忍耐

忍耐实际上是一个人的意志力，也就是在实现目标过程中克服困难的能力，有时也表现在对时机的耐心等待或延迟满足上。这方面素质较好的人而对困难不会轻易放弃自己的目标，因而事业上拥有更多的成功机会。这方面国外的一些专家曾经做过跟踪观察，结果发现在儿童时期表现出较强忍耐力的人成年后生活及事业上的成功程度明显高于忍耐力较差的人，可见应充分注意对儿童的忍耐力的培养。

3. 宽容

宽容是指一个人的胸怀宽广，对自己不喜欢的事或不同的意见能够给予适度的包容，对冒犯过自己的人能够原谅。宽容必然会使一个人拥有更多的合作者和支持者，有助于事业的成功，也有助于保持自己内心的平静。

4. 乐观

乐观是健全人格的一个不可缺少的方面，它使人更加从容地面对困难和挫折，乐观可以使人发挥更大的主动性和创造性，是事业成功的前提之一。

5. 平和

指一个人具有较强的调节和控制自己的情绪的能力，在遇到不顺心的事时不轻易发怒。具有这种素质的人必然会有良好的人际关系，更善于与他人合作，所以事业上成功的机会更多，家庭生活也更为美满。

6. 节制

节制是对自身需求的约束能力。每个人都有各种各样的欲望，但对其满足应适可而止，否则无止境地追求很可能导致不利的后果。节制也会使人知足常乐，保持良好的情绪。

7. 谦逊

谦逊不是表面上和口头上的谦虚，而是发自内心的对自己和他人的客观的认识。因为任何成功和失败都受许多因素的制约，既有自身的因素，也有许多个人无法控制的外在因素，所以无论取得多大的成功也不应该自高自大，对于不如自己的人不应轻视。谦逊不仅可以使一个人进步，而且可以减少他人的嫉妒，避免一些不必要的麻烦。

8. 守信

一个人由于受某些条件的限制可以不答应别人的某些要求，但一旦答应了就应该尽全力做到。只有这样才能得到他人的信任，才能立足于社会。

9. 责任感

责任感是对自己行为产生的后果给予充分的考虑，并且勇于承担由此引发的各种责任。责任感可以使一个人具有较强的自我约束力，使自己的行为更符合多数人的利益。

10. 自省

自我反省在东西方道德思想中都占有非常重要的地位，因为这种素质对人格的发展有很大的作用。人只有通过自省才能发现自身的缺欠，才能够自觉地进行自我调整，从而走向自我完善。

以上各项标准只是完美人格的理想目标，现实生活中恐怕没有人能够把以上标准一一实现从而真正达到完美的境界。但这并不等于说这样的目标就没有意义，因为我们只有首先知道和承认这一目标，才能不断努力去实现。另外，以上标准在实践中还要掌握适度，强调爱心和宽容不等于善恶不分和放弃是非原则。强调节制和乐观不等于满足现状不思进取。希望读者可以仔细斟酌帮助自己更好的树立健康健全的人格。

第三讲　中学生犯罪

第一节　中学生犯罪现象分析

一、青少年犯罪现状

（一）中学校园暴力

所谓中学校园暴力是指发生在中学校园或校园周围，施暴者是中学生，被害人是学生或老师或学校工人等带有明显的校园色彩的违法犯罪现象。它包括抢劫、抢夺、打架斗殴、敲诈勒索、性侵犯以及性骚扰等等行为。校园暴力轻者伤害他人人格、身体健康，重者不仅严重侵犯他人人身权利，而且会使被害人丧物失财，甚或丧命。

暴力行为的实施者大致可以分为两类：一类是品行不好的中学生，平时就表现为打架斗殴、旷课、吸烟、酗酒、偷偷摸摸、勒索等不良行为，有的甚至与本校或外校学生，甚至社会青年结成团伙，校园暴力大多是他们所为。2005 年 6 月 4 日，大通区某中学学生张某和李某因犯抢劫罪被依法逮捕，同时被捕的还有一名社会青年王某，张某，男，14 李某，男 15 岁，两人年龄小，有些胆怯，于是勾结社会青年王某。另一类是平时表现还算可以的中学生，但是这类中学生却常有脾气暴躁、心胸狭窄的毛病，或者由于某种原因自我感觉受到歧视。

他们实施的暴力行为大多是突发的。2007年11月3日，谢家集区某中学同班学生马某、牛某在学校食堂打饭，仅因为朱某挤了他们，就出言不逊、破口大骂朱某，朱某回敬了两句，两学生遂向前把朱某打翻在地，用皮鞋、饭缸猛击朱某头部胃部，造成朱某脑震荡胃出血被鉴定为重伤，同年12月14日被以故意伤害罪依法逮捕。有些中学生因为和同学开玩笑、打闹或因小事闹矛盾，开始时动口，继而动手伤害了他人；有些中学生则是因为受歧视，一般情况下总忍着，但感觉忍不住时，一发不可收拾；有的突然冲动失去理智动起手来伤人；有的则是有预谋的，突下狠手，这种行为常常会造成严重后果。

（二）"好学生"犯罪现象

所谓"好学生"，即为在老师、家长和同学眼中，学习好、听话、守纪律的学生。这些学生上课认真听讲，不捣乱，极少有旷课现象，更没有骂人、打架斗殴、寻衅滋事等不良记录。通常来说，他们不会实施违法犯罪行为。然而实践证明，好学生犯罪已经成为中学生犯罪的特有现象。一次从淮南少年法庭的一位法官那里了解到：目前所谓好学生犯罪并不是个别的，近几年审理的中学生犯罪案件中，有将近25%是在家长、老师、学生眼中的好学生、好孩子所为，有些就是班干部。这种犯罪现象不仅发生在淮南，就全国而言也是。

例如，2003年11月4日，某中学的4个中学生结伙偷盗摩托车，一夜之间偷了3辆。他们被警方抓获后交代偷车动机仅仅是为了筹钱聚会。这4个学生都是高中生，是老师眼里的好学生，平时表现都不错，4人中学习最差的在班里也居中游水平，有一人是班上的团支部书记，还有一人是班委，他们的行为，让老师、家长惊愕不已。

（三）中学生"早恋"引发的犯罪

恋爱行为实际上是组建家庭的前奏。恋爱行为存在着双重责任：从个体角度看，恋爱双方应承担情感上的责任；从社会角度看，恋爱行为的结果应当是组建家庭，家庭是社会结构的细胞，所以恋爱双方还应承担相应的社会责任。就女青年而言，恋爱、结婚、生育、哺乳等行为对生理的影响较男性为大，还得比男青年多承担一份生理责任。

遗憾的是，相当一部分的青少年对恋爱的责任理解不深刻或理解不全面，如果早恋，由于年龄、学识等多方面的限制，对恋爱的多重责任不能有正确、全面的理解，而这种理解上的缺乏，极有可能导致早恋的青少年发生种种问题，其主要表现大致有：

1. 因早恋产生的盲目追随。由于不能理解恋爱的责任涵义，青少年的早恋往往比较"专注"，对异性的神秘感使早恋的女青少年对对方出现"盲从"现象，进而不辨是非、不顾后果地追随对方，甚至参加对方的违法犯罪行为，这一现象常在团伙犯罪和共同犯罪中发生。"热恋"中的女青少年常跟着早恋对象参加盗窃、抢劫、聚众斗殴、寻衅滋事，甚至参加强奸、侮辱妇女的犯罪。如果早恋对象参与团伙犯罪，女青少年的追随行为则会造成更为严重的后果。

2. 由早恋引发的处境窘迫。初期的"专注"式早恋极容易蜕化为随意式的早恋，即轻率与他人以恋爱关系相处，有时甚至同时与多人保持这种若即若离、若明若暗的关系。这种状况极容易引发若干少男少女之间的纠纷。此时，随意早恋的青少年便处于纠纷的中心，为应付来自各方面的询问、指责，随意早恋的青少年处境十分窘迫。为解除这一窘迫状况，不得不说谎、欺骗，或以财物等代价了结所谓的"恩怨"。然而有些为了彰显自己的时髦行为在朋友面前炫耀，甚至诘难等。这一类的早恋能使青少年发生诈骗、盗窃等财产犯罪，还能引发男青少年间的斗殴、寻衅滋事等暴力犯罪。

3. 早恋加剧了依赖心理的形成。毋庸讳言，女性的依赖性生存在我国目前还是广泛存在的，社会为女性的自强自立创造了很多条件，而早恋却使女青少年过早就产生依赖心理，使之放弃自立的努力，将自己的生活完全寄托在他人身上，逐渐发展为追求不劳而获，轻视情感，甚至只靠色相生存。如一名17岁的少女，为解除早恋的后果离家出走，先在外地打工，后三次与他人同居以谋求生存，最后一次与他人同居时又多次盗窃邻居钱财而被判刑。追究一些卖淫女、从事色相服务的女性的堕落原因，无不出于此。

当然现如今，犯罪率尽管得到了一定的控制，但随着社会的发展，物质欲望的增强，青少年犯罪仍然是一种比较普遍的现象，以上只是对青少年主要的犯罪现状和类型进行了大致的分析。然而又是什么原因引起青少年犯罪的呢？

二、青少年犯罪原因

青少年的个性特点是两强两弱，两强是指模仿性强、好奇心强；两弱是指辨别是非能力薄弱、自我控制能力薄弱。因此，青少年容易受不良社会环境的影响而走上违法犯罪道路。

1. 青春期危机

青少年期（青春期）在生理、心理上所出现的特殊性，即所存在的危机和矛盾，是青少年犯罪的重要因素。少年期社会化过程中的矛盾主要可以概括为三方面：一是生理发育与心理发展的矛盾，包括精力过剩与缺乏支配力的矛盾、好动好奇与分辨是非能力差的矛盾、容易兴奋与控制能力差的矛盾、性机能发育成熟与性道德观念缺乏的矛盾；二是心理结构内部因素间的矛盾，主要表现为认识与情感的矛盾、认识与行为的矛盾、情感与意志行为的矛盾、独立意向与认识能力的矛盾、自我意识的矛盾等方面；三是青少年主体与客观现实的矛盾，具体表现为辨别能力和抵制能力差与不良社会影响的矛盾、个人需求与客观可能性的矛盾、独立意识增强与社会约束的矛盾、追求理想与客观条件的矛盾。

2. 心理因素

青少年违法犯罪的心理因素可以从三个方面分析：

（1）独立性意向和认识能力方面。青少年期在生理、心理上都发生了急剧的变化。调查发现，违法犯罪青少年的独立性意向和认识能力方面存在以下一些特点：独立性意向表现为对社会具有强烈的抗拒性，与社会道德和法律的要求背道而驰；认识能力极低，对道德、法律的认识愚昧无知，是非不分；违法犯罪青少年错误认识的核心是"两大精神支柱"——封建主义的哥们儿义气和剥削阶级的吃喝玩乐的享乐主义。"三种错误观念"——亡命称霸的英雄观、无政府主义的自由观和低级下流的乐趣观。

（2）情感和意志方面。违法犯罪青少年的第一个特点是情感情绪性同一般青少年比较是爱憎颠倒、好恶颠倒；第二个特点是在对待人与人之间的关系上，极易感情用事；第三个特点是极易产生激情而往往又难以自我控制；第四个特点是冒险侥幸。

（3）动机方面。青少年时期无论在物质上还是精神上的欲望和需要都比童年更多更强烈。青少年违法犯罪的常见动机有：利己欲动机，哥们儿义气、报复与嫉妒、好奇心。一般来说，违法犯罪青少年的动机主要有以下三个特点：第一，进行某一种违法犯罪活动时，带有很大程度的情景性，很容易为诱因直接引起的欲望所驱使，给人以偶发性强，动机简单模糊、很少预谋的感觉。第二，在实施某一种犯罪活动过程中，动机容易发生变化。第三，在走向违法犯罪道路的过程中有反复的动机斗争，并非陡然变坏的。

此外，自我控制缺陷也是青少年犯罪的一个重要原因。自我控制系统的缺陷是造成青少年犯罪的直接的、必然的、内在的原因。所谓自我控制缺陷，是指犯罪的青少年在其心理活动结构中的控制系统，缺乏足以抑制本能冲动的力量。当这种力量缺乏到抑制不住人的本能冲动时，冲动有时会转化为犯罪的目的，推动主体实施犯罪行为，从而使人走上犯罪的道路，堕入罪恶的深渊。有的学者以实证方法检验自我控制缺陷与青少年犯罪之间的相关性。结果发现，犯罪青少年与普通中学生在自我控制的冲动冒险性和自我情绪性上有显著差异，自我控制是影响青少年犯罪的一个重要变量。

第二节　中学生犯罪心理动机分析

犯罪动机是我们在电视或者电影中常常听到的一个词，然而，当这一词语用到我国青少年身上又当如何呢？根据我国近几年来青少年犯罪的情况，常见的一般刑事犯罪动机，可以概括为下面九种。

（一）财物动机

所谓财物动机，就是为满足衣、食、住、行等方面物质需要，而引起的犯罪动机。

违法犯罪青少年中，因财物动机而走上犯罪道路的居第一位。不少青少年，为了满足自己的物质需要，竟不择手段进行盗窃、抢劫甚至伤害、杀死他人，这在司法实践中是最常见的。因此，财物动机是青少年犯罪动机中的一个主要的犯罪动机。

（二）报复动机

报复也是一种很普遍的强有力的犯罪动机。报复动机不仅能导致严重危害社会的犯罪，而且产生的犯罪手段往往异常残酷、诡秘狡诈。在青少年违法犯罪的案件中，不乏报复动机的案例。轻则为一件小事争端，而顿起报复之心，实施殴打、伤害等暴力行为；重则造成惨不可闻的恶性案件，如报复恋爱对象的杀人碎尸案，报复领导的持枪杀人案，甚至报复社会的爆炸案等。这类报复动机导致的犯罪，骇人听闻，危害性极大。可见，报复动机是一种破坏性很大的犯罪动机。

报复动机通常与犯罪人的否定情绪特征联系在一起，如仇恨、愤怒和忌妒等。换言之，这几种否定情绪发展到一定程度，就会形成报复动机，强烈时则造成犯罪行为。此外，报复动机导致的犯罪行为，常常会危害一些毫无关系的无辜之人，这在心理学中称作为"迁怒"现象。

（三）性动机

人类为了延续生命的需要而有性的本能。所谓"饮食男女，人皆有之"。在青年时期，随着性机能的发育，就产生性的冲动和异性间的相互吸引。从这方面讲，性的需要有不可忽视的生理性因素。然而，人类的性需要与动物的性需要有本质的差别：人类社会男女性爱还带有丰富而深刻的社会性精神因素，即爱情。而且，这种爱情在男女性爱中起着重要作用。当然，爱情有自己的道德和法律标准。人们根据这种标准，来调节性的需要和处理男女之间的性爱关系。

那种不顾社会的道德和法律规范，把人类的性需要降低到动物水平——单纯的性本能表现，就容易成为犯罪动机，导致性犯罪。

违法犯罪青少年性犯罪动机的形成一般有两种情况：一种是在不良影响下（如受资产阶级腐朽思想的影响等），潜移默化地使主体形成了不良的性需要；另一种是由于缺乏控制力和抵抗力，在强烈的客观诱因的作用下，一下子就产生了性犯罪的动机。前一种犯罪动机是有预谋的，后一种犯罪动机缺乏预谋性，违法犯罪青少年平时虽有一些不良的主观因素，但无十分明显的表现，只是在突然的、强烈的性刺激下，迅速地萌发了犯罪动机。

（四）忌妒动机

忌妒是一种排他的心理，往往在缺乏道德修养和心胸狭隘的人身上较为严重。忌妒也是一种重要的犯罪动机，每每与报复动机混合在一起，这在青少年违法犯罪的案件中也是常见的。忌妒的产生有各种原因，他人的声誉、地位、学识、财富、爱情和幸福等，都导致某些人滋生忌妒心。在某种诱因的作用下，这种忌妒心发展到强烈时，就会变成犯罪的动机。一些青少年由于片面的认识，特别容易产生忌妒心。

由于忌妒动机而导致诽谤、伤害和杀人，多见于某些青年的恋爱、婚姻的纠纷中。如某地一青年，偕女友外出，途中碰到女友的一位男同学，那女友就与男同学交谈起来，而该男青年站立在旁，顿时忌妒心大发，拔出小刀朝那男同学刺去，造成对对方的伤害。有时，忌妒动机还可以酿成恶性案件。

（五）虚荣心动机

自尊心是人的一种重要的社会性需要。这种自尊需要，不是先天就有的，而是后天发展形成的。绝大多数的人在社会上都希望自己受到他人的尊重、享有一定的荣誉、受到相当的信任。一旦当自尊心受到侵犯时，就会产生一种仇恨的情绪。因而，当这种自尊需要碰到挫折、不能满足时，很容易演变成为犯罪动机。一般说，青少年的自尊需要十分强烈，而且由于认识和情绪方面的特征，青少年的自尊需要往往带有片面性。在缺乏正确教育的情况下，这种自尊心会变成一种虚荣心，上海叫做"扎台型"，北京称之为"靠拨份"。不少青少年因为听到一句不顺耳的话、看到一个不顺眼的动作，就自以为是挫伤了"自尊心"。由此而大打出手，甚至伤人、杀人。人的名誉、人格对一个人来讲是十分重要的。国外有学者称它为人的"第二生命"。他们认为，一个人感到失去人格的恐怖，就像自然人受到生命危险一样，会不惜用犯罪手段来保护自己的生命。从我国情况来看，在虚荣心的支配下，一些青少年铤而走险，不顾一切地去实施犯罪，这也是相当普遍的现象。

（六）"友情"动机

人是社会的动物，人与人之间的交往是人类十分重要的一种需要。

在交往过程中，人们之间会产生友情。在青少年中间，友情对他们有特别重要的意义。由于青少年认识水平的局限性和容易产生偏激情绪，因而他们对友情的理解往往会陷入片面性。特别在一些不良青少年中间，友情被歪曲、误解成"哥们义气"。许多违法犯罪青少年，常常就是出于"友情"动机，为了"哥们兄弟"而实施盗窃、殴斗甚至杀人等犯罪行为。有的犯罪青少年，为了"哥们兄弟"的"友情"，竟然残酷地杀害了素不相识、无冤无仇的人，事后却连被害人的姓名亦不知道，这是"友情"动机导致青少年犯罪的典型案例。显然，这种"友情"完全是一种不良的消极情感。

（七）好奇心动机

现代心理学理论指出："好奇心当然是人类行为最强烈的动机之一。"所谓好奇心，就是在个体碰到新奇的事物或处在新的外界条件下，促使个体产生注意、操弄等行为的一种内在力量。好奇心的强弱与所遇到的事物或外部环境的新奇性和复杂性有密切的关系。通常，所遇到的外部环境的新奇性和复杂性的程度愈强，则使个体产生的好奇心也愈强。

青少年的好奇心，要比中、老年的好奇心强烈得多。而且，青少年还会不顾一切、不计后果地去满足自己的好奇心。因而，在不良影响的作用下，青少年的这种好奇心就会产生畸形发展，严重的就会走上犯罪道路。如天津有这样的案例：某青年偷了一辆自行车，既不卖钱也不用它，而是偷来后放在临街的楼下，不时地去看一看，到底有没有人把它拿走，活像小孩捉迷藏一样。还有一个青年，当晚拦路抢劫了一个商店女售货员，第二天还特意到她柜台上去买东西，看她能不能认出自己来。这就是好奇心动机驱使青少年犯罪。

（八）戏虐动机

近年来，心理学的研究对追求刺激的需要进行了许多探索。这些实验材料表明，当人们处在只有少量感觉输入的单调环境下，容易产生厌烦，以致引起追求刺激的需要。

违法犯罪青少年由于道德水平低下、精神生活贫乏，往往会觉得生活空虚、穷极无聊，他们出于追求刺激的需要，会产生戏虐的动机，常常不计后果，置道德和法律于脑后，最终酿成犯罪行为。这类戏虐动机，在生活实践中亦称做为"恶作剧"，有的恶作剧会产生严重的后果。例如，某地两个青年在公园里打赌，青年甲对青年乙说："前面有一对青年男女正在散步，你敢不敢叫住男的给他一刀！"青年乙果真叫住了散步的那个男青年，上去就是一刀，正刺在要害处，被害人当即死亡。又如，广州市有一个青年工人在飞驰的卡车上抛下绳索，套住过路的行人，拖了几分钟，以此为乐，致使被害人终身严重伤残。

（九）恐惧动机

恐惧是一种个体面临危险时企图摆脱威胁的心理状态。心理学理论认为，人在恐惧时会产生一种逃避行为，这种行为具有应激性，针对着构成威胁的刺激物。司法实践中表明，恐惧在一些不良青少年身上有时会变成犯罪动机，致使犯罪行为的发生。不少违法犯罪青少年，在恐惧袭来时，不假思索和不择手段地走上了犯罪的道路。例如，某青年当自己过去的不慎所做的不良行为，在被他人知道和揭发时，十分恐惧，为了摆脱被揭发的威胁，用器械击伤了对方，企图压制他人的告发。这就是恐惧动机导致的伤害罪。

除上述这些主要的犯罪动机外，青少年违法犯罪还存在着其它的动机。应该说，有一部分青少年违法犯罪是单一的犯罪动机引起的。但多数情况下，是几种不同的犯罪动机综合在一起，导致犯罪行为的。这些犯罪动机不是简单地处于排列状态，发生单一的作用，而往往融成一体，共同作用，心理学上称做集成动机。

第四讲　戒掉不良行为

第一节　未成年人的严重不良行为

　　未成年人的严重不良行为是未成年人不良行为的继续发展的结果，标志着未成年人行为的反社会性和实际的社会危害性都更加严重。严重不良行为与未成年人的一般不良行为比较已有了本质的区别，而不仅仅是数量上和表面上的差别，是量变引起了质变。如果说不良行为对大多数未成年人来说都可能偶尔发生，在社会多方的预防教育下绝大多数未成年人都会就此止步，回归到正常的社会化过程，服从社会规范的要求。其中的少数人则恶性发展，实施出严重不良行为。可以说，这些未成年人已经向犯罪的深渊迈出了关键的一步。比如，偶尔的小偷小摸与反复多次的偷窃，其行为性质有本质上的不同，反复多次的偷窃与盗窃犯罪的区别仅在财物数额是否达到立案标准而已。而偶尔出于某些特殊念头携带管制刀具，经教育后不再携带，与屡教不改坚持携带，不仅就携带刀具上主观恶意有本质区别，而且屡教不改携带的刀具终将变为作案工具，这里刀具本身的性质也发生了质的变化。所以，在严重不良行为和犯罪行为之间已经没有不可逾越的鸿沟，严重不良行为往往是未成年人犯罪的前奏。《预防未成人犯罪法》所称的严重不良行为有以下九种：

（一）纠集他人结伙滋事，扰乱治安

纠合性是未成年人行为方式的重要特征之一，这也是形成未成年人团伙的原因。未成年人由于生理心理上的原因，一般喜欢成群结伙活动。尤其是他们要实施比较重大的行动时，出于独立性和自信心方面的原因以及感情用事等更喜欢纠集到一起。这种纠集，一般是临时性的，参加人员也并不固定（不排除有相对固定的核心成员），结伙滋事也多半是临时起意，一哄而起。所滋之事，一般都是打群架，起哄捣乱，给他人的正常活动造成一些麻烦等。所以滋事的结果一般也是扰乱治安。但如果在滋事过程中造成了人身伤亡，那就使滋事变成了一起暴力案件。未成年人的严重不良行为的"严重"性也正在这里——随时可能导致犯罪行为的发生。

（二）携带管制刀具，屡教不改

携带管制刀具属于未成年人的不良行为之一，因为这些刀具都有专门的用途，只有专业人员才能携带，未成年人携带管制刀具容易导致人身伤害的发生。未成年人可能出于自身安全的考虑等想法，携带管制刀具到公共场所。一经被发现，应接受教育批评以后不再携带。如果经多次教育仍然不改，就应被认定为严重不良行为，因为坚持携带管制刀具是直接威协他人人身安全和社会公共安全的违法行为。《中华人民共和国治安管理处罚条例》第二十条规定，携带管制刀具属 "妨害公共安全行为。在特殊情况下，如《中华人民共和国刑法》第一百三十条，第二百九十七条规定的情况，携带管制刀具直接构成犯罪。

（三）多次拦截殴打他人或者强行索要他人财物

多次拦截殴打他人和强行索要他人财物两种行为均属于应受治安管理处罚的行为，《中华人民共和国治安管理处罚条例》第二十二条、第二十三条有明确规定，所以属于未成年人的严重不良行为。这种行为已经显示了未成年人的严重暴力倾向，而性质已经不是单纯的打架斗殴。多次拦截殴打他人，是一种"霸道"行径，属公然危害公共安全，而以暴力方式索要他人财物已具有抢劫犯罪的色彩。仅从妨害社会管理秩序的角度看，这种行为与寻衅滋事罪也几乎只有情节上的差别。《中华人民共和国刑法》第二百九十三条规定的"寻衅滋事罪"有：

（1）随意殴打他人、情节恶劣的；

（2）追逐、拦截、辱骂他人，情节恶劣的；

（3）强拿硬要或者任意损毁，占用公私财物，情节严重的；

（4）传播淫秽的读物或者音像制品等。

这一条严重不良行为与不良行为中的相应规定的差别在于"传播"和"观看"。观看只是未成年人自己受毒害，传播则涉及毒害他人。这里的传播可能包括多种形式和手段，而且不论是否以营利为目的，如无偿的传阅或出售、出租等。未成年人的传播淫秽读物、音像制品多半是互相传播、交换、散布的行为，并不以营利为主要目的。当然也不排除以营利为目的出售和出租行为。按照《中华人民共和国刑法》第三百六十四条的规定，传播淫秽读物情节严重的构成犯罪，"向不满十八周岁的未成年人传播淫秽物品的，从重处罚。"未成年人传播淫秽读物的对象基本上是未成年人。

（四）进行淫乱或者色情、卖淫活动

未成年人正处在人的青春期，性器官开始发育并走向成熟。这时未成年人身体内性激素分泌增多，性意识觉醒，性冲动强烈。这个时期的未成年人亟需各方面的帮助和引导，但我国的传统文化不利于未成年人青春期的正常发展，目前各种青春期教育也仍然不能适应未成年人青春期对性知识的迫切需要。他们惊慌、好奇于自己的身体变化，他们想知道"性"的奥秘，在他们"摸着石头过河"的时候，有些未成年人失足落水了。性自由、性解放，完全扭曲了他们的道德观念；纸醉金迷的生活方式和物质欲望，引诱她们去作性交易。所谓淫乱是指为了满足性欲，群奸群宿或其他与性相关的行为，淫乱不是逐利行为。色情、卖淫活动则是为了获得钱财与他人发生性关系。淫乱一般没有特定的场所。一般以团伙方式进行，在歌舞厅、夜总会等场所时有发生。卖淫场所则花样翻新，旅馆、夜总会、洗浴室、按摩房、歌舞厅、美容院、理发厅等等。1991 年 9 月 4 日全国人大常委会通过了《关于严禁卖淫嫖娼的决定》，1997 年刑法在"妨害社会管理秩序罪"中规定了"组织、强迫、引诱、容留、介绍卖淫罪"。《预防未成年人犯罪法》将淫乱、色情、卖淫活动规定为未成年人严重不良行为。

（五）多次偷窃

偷窃是人类社会最常见的不良行为之一。未成年人偷窃行为的动机非常简单，常常就是看了人家的东西好，自己也想得到，如一个漂亮的铅笔盒，一样好吃的食品；也有的是看到别的孩子有钱买零食、打游戏机，而自己没钱等。小偷小摸的不良行为危害性不大，常常被人们忽视，但偷窃行为一旦成为习惯，形成心理定式，行为的危害性就大大提高，它使人不劳而获，它使人好逸恶劳，它让人损人利己而麻木不仁。多次偷窃的结果是恶习难改，往往演变成习惯偷，而且会更加胆大妄为，直至走向犯罪，所以《预防未成年人犯罪法》将其规定为严重不良行为。

（六）参与赌博，屡教不改

赌博在中国历史上早就存在，而且形式多样。即使在剥削阶级社会里，赌博也被认定为不良行为。新中国几乎禁绝了赌博现象，但在改革开放以后，随着西方生活方式的涌入，赌博活动又盛行起来。未成年人不仅被引诱进了许多传统的赌博活动，如扑克、打麻将，而且大量参与了一些新式的赌博活动，如台球、电子游戏机、网上赌博等。

赌博是由人的发财欲望激起的不良行为，但参与者必须具备一定的资本，而未成年人一般无经济来源，一旦陷入其中不能自拔往往诱发偷窃等其他不法行为，所以《预防未成年人犯罪法》将其规定为严重不良行为。

（七）吸食、注射毒品

吸食、注射毒品不仅是不良行为，我国一直在事实上认定吸毒是违法行为。近年来由于国际贩毒活动的猖獗，我国已成为走私、贩卖毒品的重要通道和地下市场。未成年人是贩毒分子的主要猎获对象。而未成年人出于好奇，寻求刺激，逃避挫折感及发泄青春期的心理燥动等原因也会主动吸食、注射毒品，尤其以"摇头丸"等低毒性毒品吸用者更为普遍。未成年人身体尚未发育成熟，吸食毒品对身体健康损害极大，有时会直接导致死亡，同时毒品可以使未成年人心理崩溃，精神颓废，意志消沉，放弃一切高尚的人生追求和人格尊严，吸毒往往直接导致未成年人犯罪的发生。因为吸毒费用昂贵，未成年人根本无力支付，而一旦成瘾，为了得到毒品，他们只好挺而走险实施犯罪行为，或偷，或抢，或诈骗，或卖淫，最便捷的犯罪通道就是参与贩卖毒品。

（八）其他严重危害社会的行为

未成年人的严重不良行为当然不可能仅仅上述8项就列举穷尽，社会生活千变万化，随时都可能出现未成年人实施的严重危害社会的行为，这些行为一经出现，社会、学校、家庭都应该及时进行教育矫治。这些行为的性质应该说是十分严重的，如果实施者是成年人完全可以认定为犯罪行为，而仅仅因为实施者是未成年人而认定为严重不良行为。如我国《刑法》规定了无论实施了什么危害社会的行为，只要未满14周岁，都不认为犯罪，而已满14周岁未满16周岁的未成年人实施了除故意杀人、故意伤害致人重伤或死亡、强奸、抢劫、贩毒、放火、爆炸、投药以外的其他严重危害社会的行为也不认定是犯罪，而认定为严重不良行为。对于未成年人的刑事犯罪问题，我国最高人民法院给予了以下规定，最高人民法院关于审理未成年人刑事案件具体应用法律若干问题做出了如下解释：

为正确审理未成年人刑事案件，贯彻"教育为主，惩罚为辅"的原则，根据刑法等有关法律的规定，现就审理未成年人刑事案件具体应用法律的若干问题解释如下：

第一条 本解释所称未成年人刑事案件，是指被告人实施被指控的犯罪时已满14周岁不满18周岁的案件。

第二条 刑法第十七条规定的"周岁"，按照公历的年、月、日计算，从周岁生日的第二天起算。

第三条 审理未成年人刑事案件，应当查明被告人实施被指控的犯罪时的年龄。裁判文书中应当写明被告人出生的年、月、日。

第四条 对于没有充分证据证明被告人实施被指控的犯罪时已经达到法定刑事责任年龄且确实无法查明的，应当推定其没有达到相应法定刑事责任年龄。相关证据足以证明被告人实施被指控的犯罪时已经达到法定刑事责任年龄，但是无法准确查明被告人具体出生日期的，应当认定其达到相应法定刑事责任年龄。

第五条 已满14周岁不满16周岁的人实施刑法第十七条第二款规定以外的行为，如果同时触犯了刑法第十七条第二款规定的，应当依照刑法第十七条第二款的规定确定罪名，定罪处罚。

第六条 已满14周岁不满16周岁的人偶尔与幼女发生性行为，情节轻微、未造成严重后果的，不认为是犯罪。

第七条 已满14周岁不满16周岁的人使用轻微暴力或者威胁，强行索要其他未成年人随身携带的生活、学习用品或者钱财数量不大，且未造成被害人轻微伤以上或者不敢正常到校学习、生活等危害后果的，不认为是犯罪。已满 16 周岁不满 18 周岁的人具有前款规定情形的，一般也不认为是犯罪。

第八条 已满 16 周岁不满 18 周岁的人出于以大欺小、以强凌弱或者寻求精神刺激，随意殴打其他未成年人、多次对其他未成年人强拿硬要或者任意损毁公私财物，扰乱学校及其他公共场所秩序，情节严重的，以寻衅滋事罪定罪处罚。

第九条 已满 16 周岁不满 18 周岁的人实施盗窃行为未超过 3 次，盗窃数额虽已达到"数额较大"标准，但案发后能如实供述全部盗窃事实并积极退赃，且具有下列情形之一的，可以认定为"情节显著轻微危害不大"，不认为是犯罪：

（1）系又聋又哑的人或者盲人；

（2）在共同盗窃中起次要或者辅助作用，或者被胁迫；

（3）具有其他轻微情节的。

已满 16 周岁不满 18 周岁的人盗窃未遂或者中止的，可不认为是犯罪。已满 16 周岁不满 18 周岁的人盗窃自己家庭或者近亲属财物，或者盗窃其他亲属财物但其他亲属要求不予追究的，可不按犯罪处理。

第十条 已满 14 周岁不满 16 周岁的人盗窃、诈骗、抢夺他人财物，为窝藏赃物、抗拒抓捕或者毁灭罪证，当场使用暴力，故意伤害致人重伤或者死亡，或者故意杀人的，应当分别以故意伤害罪或者故意杀人罪定罪处罚。已满 16 周岁不满 18 周岁的人犯盗窃、诈骗、抢夺罪，为窝藏赃物、抗拒抓捕或者毁灭罪证而当场使用暴力或者以暴力相威胁的，应当依照刑法第二百六十九条的规定定罪处罚；情节轻微的，可不以抢劫罪定罪处罚。

第十一条 对未成年罪犯适用刑罚，应当充分考虑是否有利于未成年罪犯的教育和矫。对未成年罪犯量刑应当依照刑法第六十一条的规定，并充分考虑未成年人实施犯罪行为的动机和目的、犯罪时的年龄、是否初次犯罪、犯罪后的悔罪表现、个人成长经历和一贯表现等因素。对符合管制、缓刑、单处罚金或者免予刑事处罚适用条件的未成年罪犯，应当依法适用管制、缓刑、单处罚金或者免予刑事处罚。

第十二条　行为人在达到法定刑事责任年龄前后均实施了犯罪行为，只能依法追究其达到法定刑事责任年龄后实施的犯罪行为的刑事责任。行为人在年满十八周岁前后实施了不同种犯罪行为，对其年满18周岁以前实施的犯罪应当依法从轻或者减轻处罚。行为人在年满18周岁前后实施了同种犯罪行为，在量刑时应当考虑对年满18周岁以前实施的犯罪，适当给予从轻或者减轻处罚。

第十三条　未成年人犯罪只有罪行极其严重的，才可以适用无期徒刑。对已满14周岁不满16周岁的人犯罪一般不判处无期徒刑。

第十四条　除刑法规定"应当"附加剥夺政治权利外，对未成年罪犯一般不判处附加剥夺政治权利。

如果对未成年罪犯判处附加剥夺政治权利的，应当依法从轻判处。对实施被指控犯罪时未成年、审判时已成年的罪犯判处附加剥夺政治权利，适用前款的规定。

第十五条　对未成年罪犯实施刑法规定的"并处"没收财产或者罚金的犯罪，应当依法判处相应的财产刑；对未成年罪犯实施刑法规定的"可以并处"没收财产或者罚金的犯罪，一般不判处财产刑。对未成年罪犯判处罚金刑时，应当依法从轻或者减轻判处，并根据犯罪情节，综合考虑其缴纳罚金的能力，确定罚金数额。但罚金的最低数额不得少于500元人民币。对被判处罚金刑的未成年罪犯，其监护人或者其他人自愿代为垫付罚金的，人民法院应当允许。

第十六条　对未成年罪犯符合刑法第七十二条第一款规定的，可以宣告缓刑。如果同时具有下列情形之一，对其适用缓刑确实不致再危害社会的，应当宣告缓刑：

（1）初次犯罪；

（2）积极退赃或赔偿被害人经济损失；

（3）具备监护、帮教条件。

第十七条　未成年罪犯根据其所犯罪行，可能被判处拘役、3 年以下有期徒刑，如果悔罪表现好，并具有下列情形之一的，应当依照刑法第三十七条的规定免予刑事处罚：

（1）系又聋又哑的人或者盲人；

（2）防卫过当或者避险过当；

（3）犯罪预备、中止或者未遂；

（4）共同犯罪中从犯、胁从犯；

（5）犯罪后自首或者有立功表现；

（6）其他犯罪情节轻微不需要判处刑罚的。

第十八条　对未成年罪犯的减刑、假释，在掌握标准上可以比照成年罪犯依法适度放宽。未成年罪犯能认罪服法，遵守监规，积极参加学习、劳动的，即可视为"确有悔改表现"予以减刑，其减刑的幅度可以适当放宽，间隔的时间可以相应缩短。符合刑法第八十一条第一款规定的，可以假释。未成年罪犯在服刑期间已经成年的，对其减刑、假释可以适用上述规定。

第十九条　刑事附带民事案件的未成年被告人有个人财产的，应当由本人承担民事赔偿责任，不足部分由监护人予以赔偿，但单位担任监护人的除外。

被告人对被害人物质损失的赔偿情况，可以作为量刑情节予以考虑。

第二节 法院审理未成年人犯罪案件特殊程序与规定

依据我国相关法律规定，人民法院在审理未成年人犯罪案件时有以下特殊规定：

1. 在法院内部设立少年法庭，专门审理未成年人犯罪案件。不仅如此，人民法院审判未成年人犯罪的刑事案件，应当由熟悉未成年人身心特点的审判员或者助理审判员和人民陪审员依法组成少年法庭进行。这是针对未成年人的身心状况、犯罪原因和情节采取的相应措施，这些特殊安排充分保障了未成年人的合法权益。

2. 少年法庭在审理未成年人刑事案件中，贯彻"教育、感化、挽救"的方针和"教育为主、惩罚为辅"的原则。少年法庭审理案件体现"审教结合"的原则。

（1）司法机关办理未成年人犯罪案件，应当保障未成年人行使其诉讼权利，保障未成年人得到法律帮助，并根据未成年人的生理、心理特点和犯罪的情况，有针对性地进行法制教育。对于被采取刑事强制措施的未成年学生，在人民法院的判决生效以前，学校不得取消其学籍。

（2）对违法犯罪的未成年人，应当依法从轻、减轻或者免除处罚。这些都是被实践证明了的切实可行的正确方针和原则，使违法犯罪的未成年人能够重新做人，而这也是未成年人家长的殷切期望。

3. 审理未成年人案件要保障未成年被告的权利。这些权利包括：有权要求知道自己为什么被指控；有权聘请律师或亲友为自己辩护，若未聘请律师，法院可以指定律师为其辩护，但必须征得未成年被告本人或其亲属的同意；有权请求调取新证据或经法庭同意向证人、鉴定人和同案的其他被告发问；有权拒绝回答与本案无关的问题，在法庭宣判前有最后陈述的权利等。法院可以通知未成年被告的父母或其他监护人到场，更好的保障他们的合法权利，另外，法院应当营造温和的法庭气氛，不仅允许未成年被告坐着回答问题，而且不应给未成年被告身上带戒具。

4. 未成年人犯罪案件实行不公开审理。我国《刑事诉讼法》与《未成年人保护法》等多部法律都明文规定了，14 周岁以上不满 16 周岁的未成年人犯罪的案件，一律不公开审理。16 周岁以上不满 18 周岁的未成年人犯罪的案件，一般也不公开审理。对 16 周岁以上不满 18 周岁的未成年人犯罪的案件，如果必须公开审理的，应当经过法院院长或法庭庭长的批准，并限制旁听人数和范围。对未成年人犯罪案件，新闻报道、影视节目、公开出版物不得披露该未成年人的姓名、住所、照片及可能推断出该未成年人的资料。因为这样可以使未成年人的自尊、自信得到最大限度的维护，他们的名誉和人格尊严也就很自然地得到有力的保护，这对未成年人今后的发展、学习、就业都大有益处。

5. 对未成年人犯罪尽量采取非刑事处罚及非监禁措施。少年法庭经过审理，凡是可以不判刑的尽量不判，可以采取诸如赔礼道歉、赔偿损失等措施，或者暂缓判刑、取保观察。凡必须处刑的案件，只要可以不收监关押，尽量不将未成年被告关押，而予以缓刑处理。在实践中，扩大缓刑的适用已经成为少年法庭经常采取的处罚方式。

第三节　案例群体分析

案例一：

劫 5 元钱而成为抢劫犯

"才 5 块钱就要判刑呀！"当记者向几个中学生谈及下面这个案例

时，几乎每个学生都表现出了惊讶，他们都不理解：区区5元钱怎么会触及刑法呢？2004年1月20日凌晨零时许，在银川市某中学上高三的王某某等4人在某网吧碰面，其中马某提出"弄点钱"上网，其余3人表示同意。四人来到兴庆区丽景街交警二大队附近，将路过此处的郭某从自行车上拉下，对其一顿拳打脚踢，抢得现金5元后逃离现场。案发后四人相继落网。

法院认为四被告行为构成抢劫罪，分别判处有期徒刑3年、缓刑3年、并处罚金4000元及有期徒刑2年、缓刑3年、并处罚金4000元。

案例二：

16岁的中学生刘某是某中学高二学生，家庭条件很好，刘某从小就娇生惯养，在学校不求上进，几乎每天都出入网吧并染上了赌博的恶习，花钱如流水，时间长了，父母知道他的恶习，便严格控制他的经济来源。由于找父母要钱这条路走不通，又实在渴望出去潇洒一下，一天，他趁父母外出之机，将家里的5000元现金偷走。1个多月后，刘某的父母发现5000元现金被盗，很快就怀疑到他，于是追问儿子有没有拿家里的钱。此时，5000元钱都快被他挥霍光了，刘某害怕家长责备，便一再说自己没有拿，其父亲便向公安机关报了案。公安机关经过缜密的侦查后将犯罪目标锁定在刘某身上。在大量事实面前刘某不得不承认钱是自己偷的，公安机关遂将其刑事拘留，后转为逮捕。父母知道窃贼是自家的儿子后，认为儿子偷拿父母的钱财不犯罪，他们也不想追究责任，要求公安机关释放刘某，但公安机关认为刘某已涉嫌犯罪，因此对于刘某父母的请求未予允许。

分析：盗窃父母或近亲属的财物，在是否构成犯罪和处罚上有其特殊性。法律规定："偷拿自己家的财物或者近亲属的财物，一般可不按犯罪处理；对确有追究刑事责任必要的，处罚时也应与在社会上作案的有所区别。"刘某偷盗自家钱财达 5000 元，数额大，在父母追问时又拒不承认，且把偷拿的钱用于赌博和挥霍，结合这些情节看，刘某应当属于"确有追究刑事责任必要的"情形。司法机关以涉嫌盗窃罪将刘某刑事拘留，这是完全符合相关法律规定的。不过，刘某偷盗的财物毕竟是自己家的，其社会危害性明显比在社会上作案要小，加之他属于未成年人，因此法院在宣告其有罪的同时，通常会给予较大幅度的减轻处罚。

案例三：

伍军家的近邻是开小商店的汪国，汪妻刘惠，儿子汪林比伍军小一岁。四年前的一天，伍军在放学路上，与汪林发生纠纷，逞强的伍军动手打了汪林。汪林的母亲刘惠得知儿子被伍军打了，气势汹汹地将伍军臭骂了一顿，还将此事告诉了伍军的父亲，使伍军挨了父亲几耳光。伍军对刘惠耿耿于怀，发誓要报复她，滋生了投毒杀死刘惠的罪恶念头。

2003 年 5 月 6 日，伍军发现近几天汪家只有刘惠在家。觉得报复她的时机到了，便把窃取的"毒鼠强"揣进裤包，壮着胆子来到汪家门前。此时刘惠上坡劳动不在家，伍军便悄悄地进了灶房屋，摸出"毒鼠强"毒药倒入剩饭里，仓皇逃离。

刘惠在承包地里干完活回家路上，见伍军从自家灶房屋里出来，也没在意。刘惠进屋后发现，锑锅盖放在灶上，剩饭面上有白色粉末。她警惕地用筷子挑了几粒剩饭用嘴尝了尝，觉得口干舌燥，急忙吐了。刘惠觉得不对劲，盛了一碗剩饭给猪吃，猪吃后，须臾，口吐白色泡沫，倒在地上。刘惠意识到有人在剩饭中下了毒。敏感的刘惠怀疑是伍军干的。跑到伍家，气冲冲地质问伍军："你在我家剩饭里放了什么？"顿时，心虚的伍军脸发红，吞吞吐吐说："我，我没放什么。""我看见你从灶房屋出来，你还想狡赖！"刘惠咄咄逼人。伍军见人证物证俱在，被迫从实招认："是，是我放的毒鼠强"。刘惠心里一怔，吓得浑身发抖，顿时，气得脸红脖子粗，将伍军强拉到村支书处解决，并向派出所报了案。伍军被公安机关拘留，立案侦察，查实伍军投毒杀人的罪行证据确凿，即送请涪陵区法院依法处理。区法院审理调查认定伍军犯下了故意杀人罪。

此案中虽然投毒杀人未遂但根据我国法律被告依然要被判刑。根据《刑法》第二百三十二条规定："故意杀人的，处死刑、无期徒刑或者十年以上有期徒刑；情节较轻的，处 3 年以上 10 年以下有期徒刑。"第十七条第二款规定"已满 14 周岁不满 16 周岁的人，犯故意杀人、故意伤害致人重伤或者死去，强奸、抢劫、贩卖毒品、放火、爆炸、投毒的，应当负刑事责任。"第二十三条规定："已经着手实行犯罪，由于犯罪分子意志以外的原因而未得逞的，是犯罪未遂。对于未遂犯，可以比照既遂犯从轻或者减轻处罚。"第十七条第三款规定："已满 14 周岁不满 18 周岁的人犯罪，应当从轻或者减轻处罚。"

2003 年 7 月 25 日，重庆市涪陵区人民法院审理认为，伍军欲致人死亡而故意投毒杀人，其行为已构成故意杀人罪。伍军已实行犯罪，但由于意志以外的原因未能得逞，是故意杀人未遂犯，可以比照既遂犯减轻处罚；且犯罪时不满十八岁，应当减轻处罚。判处伍军有期徒刑 3 年。

从以上我国国家对未成年人犯罪的种种规定以及 3 个未成年人犯罪的例子我们可以看出，尽管未成年人受到一些特殊的保护，但是法律面前我们仍然要为自己所犯下的错误买单。

第五讲 未成年人的社会保护

第一节 认识社会保护

一、社会及社会保护

现代汉语词典中对"社会"有两种解释，一是指由一定的经济基础和上层建筑构成的整体。也叫社会形态。二是泛指由于共同物质条件而相互联系起来的人群。可以说，社会是在一定时间、一定空间范围内形成的、具有特定的生产力发展水平和政治、经济、文化、法律制度、道德观念、价值体系，由特定人群构成的整体。

人是社会性动物，每一个人都生活在特定的社会空间，与社会环境和社会人群发生着千丝万缕的联系，社会的政治、经济、文化、法律制度的发展和建设水平、社会的道德观念、行为准则、价值体系以及社会风气等综合形成的社会环境，对社会人群会发生着潜移默化的影响，社会环境的好坏对未成年人的影响则更为广泛而深远。

社会保护，是指各种社会组织和公民个人积极采取措施，净化社会环境，以保障未成年人健康成长并维护未成年人的合法权益。

我国《未成年人保护法》和一些地方性未成年人保护条例设专章规定了社会保护。

二、社会保护的特点和意义

（一）社会保护的特点

1. 社会保护的主体具有多元性

社会作为一个整体，由众多社会组织和个人构成。社会组织包括国家机关、企业事业单位、社会团体、家庭、学校、社区、公民自治组织等，作为社会的成员，这些社会组织和公民个人被法律赋予了在其各自的职责范围内保护未成年人健康成长和维护未成年人合法权益的义务。因此，社会保护的主体众多，具有多元性的特点。家庭、学校在未成年人保护中具有特殊的作用和意义，前面已专门进行了探讨，因此，这里的社会保护是指家庭、学校以外的其他社会组织和公民个人对未成年人的保护。

2. 社会保护的方法具有多样性

社会保护以创建有利于未成年人健康成长的社会环境为宗旨，保护的方法具有多样性，如制定保护未成年人的法律规范和政策、保障未成年人健康成长的物质条件、对可能危害未成年人健康成长的社会微观环境进行管理、对危害未成年人健康成长或者侵害未成年人合法权益的行为进行制止、对自己的行为进行自律等。

3. 国家机关在社会保护中具有领导地位

社会由众多不同的社会组织构成，各种社会组织具有各自不同的本位职责，它们需要在完成自己本位职责的同时，负担对未成年人保护的社会责任。在现实社会中经常存在某一社会组织为了一己之利益而忽视或者忘记了自己的社会责任，实施有害未成年人健康成长或侵害未成年人合法权益的行为。因此，国家机关应利用其掌握的国家的权力和公共资源，对各种社会组织和公民个人保护未成年人的义务和责任进行规范，对各种社会组织和公民个人的行为进行组织、管理、指挥、协调和引导，推动全社会未成年人保护意识和保护理念的建立，促进全社会自觉履行保护未成年人的义务和责任。

4. 社会保护随着未成年人的成长而日益重要

随着未成年人的年龄的增长，其活动范围逐渐从家庭、学校扩大到更为广阔的社会。而且，未成年人年龄越大，活动能力越强，对家庭、学校以外的社会介入越深入、越广泛，社会环境对其影响也越大，社会保护的重要性也日益重要。

（二）社会保护的意义

第一，社会保护是家庭、学校保护的延伸，可以巩固和提高家庭保护、学校保护的效果。对未成年人的社会保护，以各种社会组织或公民个人采取措施净化社会环境为重要内容。社会环境的净化，为家庭保护和学校保护创造了良好的条件，可以巩固家庭保护、学校保护的效果，社会保护是家庭保护和学校保护的必要的延伸，与家庭保护、学校保护一起被誉为未成年人保护的"三道防线"。

第二，社会保护是未成年人保护中的经常性工作，可以提高我国未成年人保护的整体水平。社会保护与家庭保护相比，保护的主体具有多元性，保护措施体现在日常的工作、生活、娱乐、休闲之中，提倡和开展社会保护，可以给未成年人提供更加坚实的物质生活条件，创建更多地适合其活动的设施、场地，创造更加丰富多彩健康向上的文化作品，带动全社会对未成年人保护意识的提高，从而提高我国未成年人保护的整体水平。

第二节　社会保护的具体内容

社会是作为一个整体，对未成年人的保护工作是通过各种社会组织和公民个人来具体实现的，社会保护的方式也因实施保护的主体不同而有所差异。究其方式而言分为以下两类。

一、国家机关的保护

国家机关是现代社会最重要的社会组织，是根据统治阶级意志设立的、行使国家权力、管理国家和社会事务的机关。从管辖范围看，包括中央国家机关和地方机关；从管辖的事务看，包括权力机关（立法）机关、行政机关、检察机关、审判机关和军事机关。国家机关对社会组织和公民个人的行为具有规范、引导、组织、管理、指挥、协调和监督的权力，是对未成年人保护中必须依赖的力量。

国家机关因为其特殊的身份，对未成年人的保护往往具有强制性、权威性和示范性的特点。强制性是指国家机关行使国家权力，可以国家强制力为后盾推动未成年人保护工作的开展，对侵害未成年人身心健康和合法权益的组织或个人给予制裁。权威性是指国家机关在自己职责范围内采取的保护未成年人的各种措施手段代表了国家意志和社会利益，是其他的社会组织和公民个人行为的指引，其他社会组织和个人应该积极响应和配合。示范性是指国家机关对未成年人的保护理念和行为对引导社会建立对未成年人的保护意识，规范社会保护行为等方面具有榜样的作用，可以被其他社会组织所学习，进而推定未成年人的社会保护工作。

国家机关对未成年人的保护方式主要表现在：

1. 规范性保护

规范性保护主要是国家权力机关（立法机关）以及享有立法权的地方各级权力机关、国家行政机关等通过制定法律或者地方性法规、行政法规、行政规章等规范性文件的方式规定社会各方面对未成年人保护的义务与责任，使未成年人保护工作规范化、法律化、具体化。

规范性保护将未成年人的保护从理念变成行动，从自发变成自觉，从道德义务变成法律义务，体现了国家对未成年人保护工作的态度，规范了未成年人保护工作的开展。自20世纪80年代以来，我国开展了未成年人保护的立法工作，1987年~1990年，先后有上海市、北京市等17个省、直辖市、自治区制定了地方性未成年人保护法规。1991年第七届全国人大常委会通过了全国性的未成年人保护法。此后，一些省、直辖市、自治区根据《未成年人保护法》陆续修订了地方性保护条例或者制定了《未成年人保护法》的实施办法，1999年第九届全国人大常委会又通过了《预防未成年人犯罪法》，2006年，第十届全国人民代表大会常务委员会对1991年的《未成年人保护法》进行了修订。此外，国家最高行政机关国务院也制定了有关未成年人保护的行政法规，如《禁止使用童工的规定》等。这些关于未成年人的专门性法律、法规对于保护未成年人健康成长、维护未成年人合法权益发挥重要的保障作用，也极大地推动了其他社会组织和公民个人对未成年人保护工作的认识和自觉性，促进了未成年人福利水平。规范性保护是国家机关保护的最高形式。

2. 政策性保护

政策性保护是指国家机关依据自己管理的事务范围，通过制定相应的鼓励性政策，引导企业事业单位、社会团体以及公民个人的行为，从而创建有利于未成年人健康成长的社会环境。我国《未成年人保护法》第二十七条规定："全社会应当树立尊重、保护、教育未成年人的良好风尚，关心、爱护未成年人。国家鼓励社会团体、企业事业组织以及其他组织和个人，开展多种形式的有利于未成年人健康成长的社会活动。"第三十条规定："爱国主义教育基地、图书馆、青少年宫、儿童活动中心应当对未成年人免费开放；博物馆、纪念馆、科技馆、展览馆、美术馆、文化馆以及影剧院、体育场馆、动物园、公园等场所，应当按照有关规定对未成年人免费或者优惠开放。"第三十一条规定："县级以上人民政府及其教育行政部门应当采取措施，鼓励和支持中小学校在节假日期间将文化体育设施对未成年人免费或者优惠开放。社区中的公益性互联网上网服务设施，应当对未成年人免费或者优惠开放，为未成年人提供安全、健康的上网服务。"第三十二条则规定："国家鼓励新闻、出版、信息产业、广播、电影、电视、文艺等单位和作家、艺术家、科学家以及其他公民，创作或者提供有利于未成年人健康成长的作品。出版、制作和传播专门以未成年人为对象的内容健康的图书、报刊、音像制品、电子出版物以及网络信息等，国家给予扶持。国家鼓励科研机构和科技团体对未成年人开展科学知识普及活动。"第三十三条规定："国家采取措施，预防未成年人沉迷网络。国家鼓励研究开发有利于未成年人健康成长的网络产品，推广用于阻止未成年人沉迷网络的新技术。"上述规定体现了国家对有利于未成年人健康成长的事业的支持和鼓励。

政策性保护是国家机关对未成年人保护的宏观调控，对其他社会组织兴办未成年人保护事业、开展未成年人保护工作具有积极的引导作用。

3. 福利性保护

福利性保护是指国家各级行政机关在自己的职权范围内，依法采取措施，提高未成年人的福利水平，改善未成年人的福利状况。我国《未成年人保护法》第二十八条、二十九条、四十二条、四十四条、四十五条分别规定了各级人民政府及教育行政部门、公安部门、民政部门、卫生部门等应当积极采取措施，增进未成年人福利。包括：各级人民政府应当采取措施保障家庭经济困难的、残疾的和流动人口中的未成年人等接受义务教育；建立和改善适合未成年人文化生活需要的活动场所和设施；公安机关依法维护校园周边的治安和交通秩序，预防和制止侵害未成年人合法权益的违法犯罪行为；卫生部门对未成年人进行卫生保健和营养指导，提供必要的卫生保健条件，做好疾病预防工作和儿童的预防接种工作，积极防治儿童常见病、多发病，加强对传染病防治工作的监督管理，加强对幼儿园、托儿所卫生保健的业务指导和监督检查；地方人民政府积极发展托幼事业，办好托儿所、幼儿园，支持社会组织和个人依法兴办哺乳室、托儿所、幼儿园等。

4. 管理性保护

管理性保护是指国家各级行政机关依法对社会组织和公民个人的行为进行管理以确保社会组织和公民个人的行为符合未成年人社会保护的要求。管理性保护包括：一是业务指导性管理。业务指导性管理是指国家各级行政机关以行政管理的手段推动未成年人事业的发展，促进未成年人的社会保护。《未成年人保护法》第四十五条第二款规定："各级人民政府和有关部门应当采取多种形式，培养和训练幼儿园、托儿所的保教人员，提高其职业道德素质和业务能力。"二是禁止性管理。禁止性管理是指国家各级行政机关依法对危害未成年人身心健康的行为予以限制、禁止并对实施该种行为的社会组织或者个人给予惩罚，以达到保护未成年人健康成长的目的。例如，《未成年人保护法》三十六条、六十六条的规定："中小学校园周边不得设置营业性歌舞娱乐场所、互联网上网服务营业场所等不适宜未成年人活动的场所。营业性歌舞娱乐场所、互联网上网服务营业场所等不适宜未成年人活动的场所，不得允许未成年人进入，经营者应当在显著位置设置未成年人禁入标志。对难以判明是否已成年的，应当要求其出示身份证件。""在中小学校园周边设置营业性歌舞娱乐场所、互联网上网服务营业场所等不适宜未成年人活动的场所的，由主管部门予以关闭，依法给予行政处罚。营业性歌舞娱乐场所、互联网上网服务营业场所等不适宜未成年人活动的场所允许未成年人进入，或者没有在显著位置设置未成年人禁入标志的，由主管部门责令改正，依法给予行政处罚。"再如，禁止任何组织和个人制作或者向未成年人出售、出租或者以其他方式传播淫秽、暴力、凶杀、恐怖赌博等毒害未成年人的图书、报刊、音像制品、电子出版物以及网络信息等，违者由主管部门责令改正，依法给予行政处罚（《未成年人保护法》三十四条、六十四条）。禁止向未成年人出售烟酒，经营者应当在显著位置设置不向未成年人出售烟酒的标志；对难以判明是否已成年的，应当要求其出示身份证件。违者由主管部门责令改正，依法给予行政处罚（《未成年人保护法》三十七条、六十七条）。生产、销售用于未成年人的食品、药品、玩具、用具和游乐设施等，应当符合国家标准或者行业标准，不得有害于未成年人的安全和健康；需要标明注意事项的，应当在显著位置标明。违者由主管部门责令改正，依法给予行政处罚（《未成年人保护法》三十五条、六十五条）。任何组织或者个人不得招用未满 16 周岁的未成年人，国家另有规定的除外。任何组织或者个人按照国家有关规定招用已满 16 周岁未满 18 周岁的未成年人的，应当执行国家在工种、劳动时间、劳动强度和保护措施等方面的规定，不得安排其从事过重、有毒、有害等危害未成年人身心健康的劳动或者危险作业。违者由劳动保障部门责令改正，处以罚款；情节严重的，由工商行政管理部门吊销营业执照（《未成年人保护法》三十八条、六十八条）。任何组织或者个人不得披露未成年人的个人隐私。侵犯未成年人隐私，构成违反治安管理行为的，由公安机关依法给予行政处罚（《未成年人保护法》三十九条、六十九条）。以上均体现了行政机关在未成年人社会保护方面的禁止性管理。

5. 救济性保护

救济性保护是指由民政部门设立生活无着未成年人的救助场所和儿童福利机构，救助和收留流浪、乞讨、失去监护或者暂时无法查明父母等监护人的生活无着的未成年人。《未成年人保护法》第四十三条规定："县级以上人民政府及其民政部门应当根据需要设立救助场所，对流浪乞讨等生活无着未成年人实施救助，承担临时监护责任。公安部门或者其他有关部门应当护送流浪乞讨或者离家出走的未成年人到救助场所，由救助场所予以救助和妥善照顾，并及时通知其父母或者其他监护人领回。对孤儿、无法查明其父母或者其他监护人的以及其他生活无着的未成年人，由民政部门设立的儿童福利机构收留抚养。未成年人救助机构、儿童福利机构及其工作人员应当依法履行职责，不得虐待、歧视未成年人，不得在办理收留抚养工作中牟取利益。"

二、企业事业组织、社会团体和公民个人的保护

企业事业组织、社会团体和公民个人是社会整体不可或缺的组成部分，法律鼓励其承担未成年人保护的社会责任，是对国家机关保护的深化和具体化。企业事业组织、社会团体和公民个人对未成年人保护的方式主要是：

1. 自律性保护

企业事业组织、社会团体和公民个人严格遵守法律法规的规定，对自己的行为加以自律，不从事有损未成年人健康和侵害未成年人合法权益的行为，促进未成年人的保护。如，营业性歌舞娱乐场所、互联网上网服务营业场所等应依法设置未成年人禁入的标志，不得允许未成年人进入，对难以判明身份的，应当要求其出示身份证件，不能见利忘义。儿童食品、玩具、用具、药品和游乐设施的生产企业应严格执行国家质量标准，不生产有害于未成年人安全的产品，销售企业则应严把质量关，不销售有害于未成年人安全的商品。任何企业或个人不得雇用童工，任何人不在中小学、幼儿园、托儿所的教室、寝室、

活动室和其他未成年人集中活动的室内吸烟。烟酒经营者不得向未成年人销售烟酒等。任何人不得披露未成年人的隐私，不侵犯未成年人的智力成果和名誉、荣誉。上述行为，完全需要相关社会组织和个人自律、自觉地遵守。

2. 积极性保护

企业事业组织、社会团体和公民个人对自己的行为加以自律的同时，还应该采取积极的措施，未成年人健康成长创造条件。博物馆、纪念馆、科技馆、文化馆、影剧院、体育场（馆）、动物园、公园等场所应执行对未成年人优惠的规定，新闻、出版、广播、电影、电视、文艺等单位和作家、科学家、艺术家及其他公民，应积极创作或者提供有益于未成年人健康成长的作品。各级工会、共青团、妇联等建立家庭教育指导机构，传播科学家教知识，居委会、村委会、社区等应做好未成年人课余和假期的保护工作，帮助关心无教育能力或者缺损家庭的子女教育，对失足青少年进行帮教等。

目 录

第九讲　未成年人的学校保护

第十讲　未成年人的司法保护

第十一讲　当生命遭遇意外的小知识

第十二讲　失足学生的自救

第六讲　善用权利　保护自己

第一节　我们的权利

一、青少年享有的法律权利

我国《未成年人保护法》第三条规定："未成年人享有生存权、发展权、受保护权、参与权等权利，国家根据未成年人身心发展特点给予特殊、优先保护，保障未成年人的合法权益不受侵犯。未成年人享有受教育权，国家、社会、学校和家庭尊重和保障未成年人的受教育权。未成年人不分性别、民族、种族、家庭财产状况、宗教信仰等，依法平等地享有权利。"由此可见，未成年人也是公民，其所享有的权利是相当广泛的，除法律规定只能由成年公民才能享有的某些权利外，如只有年满18岁的公民才享有选举权和被选举权，公民享有的一切权利未成年人都享有。此外未成年人作为一个特殊的群体，法律还为其设定了一些成年公民不能享有的特殊权利。

具体说来，在我国，未成年人享有的主要权利包括：

1. 政治权利。包括言论、出版、集会、结社、游行、示威的自由；批评、建议、申诉、控告、检举权；宗教信仰自由权等。

2. 人身权利。人身权利可以分为人格权和身份权。人格权是基于自然人本身所固有的权利，包括生命权、健康权、姓名权、肖像权、荣誉权、名誉权、隐私权等。身份权是基于自然人之间的某种关系、某种事件或某种行为而产生的地位、资格等方面的权利，包括亲属权、抚养权、监护权、知识产权（包括著作权、发现权、发明权、专利权）。

3. 受教育权。

4. 个人财产所有权。

5. 继承权。

6. 社会经济权。包括劳动权（年满16周岁的未成年人）、休息权和物质帮助权等。

7. 司法保护权。

未成年人的这些权利都是由《宪法》、《民法通则》、《继承法》、《义务教育法》、《刑法》以及《未成年人保护法》等法律明文规定的，具有神圣不可侵犯性。任何妨碍未成年人实施上述权利的行为都是违法甚至是犯罪的，都应受到适当的法律制裁。

那么既然未成年人享有如此多的权利，是不是就意味着我们未成年人可以一直享受权利，不履行义务呢？当然不是。国家法律在规定和保障未成年人的广泛权利的同时，也规定了未成年人应当履行的各项义务。这些义务主要包括：

1. 维护国家统一和民族团结的义务。

2. 遵守宪法和法律、保守国家秘密、爱护公共财产、遵守劳动纪律、遵守公共秩序、尊重社会公德的义务。

3. 维护国家的安全、荣誉和利益的义务。

4. 保卫祖国，依法服兵役的义务。

5. 依法纳税的义务。

权利意味着一种利益，一种获得。义务意味着一种责任，甚至是一种付出、一种牺牲。国家为保障未成年人的健康成长，既为其设定了广泛权利并为其权利的行使创造了充分的条件，同时也要教育未成年人要明确地意识到自己肩上所担负的责任。

（一）肖像权

肖像权与姓名权一样，具有专有性，对自己肖像的占有、使用和处分的权利，只能归公民本人所有，未经本人同意，他人不得享有。因此，无论出于何种目的，将公民肖像予以复制、传播、展览等，都应征得公民的同意，否则就构成对肖像权的侵害。我国《民法通则》第一百条规定："公民享有肖像权，未经本人同意，不得以营利为目的使用公民的肖像。"青少年亦属于公民，具有肖像权。如果有人侵犯自己的肖像权，应坚决维护自己的权益。

《最高人民法院关于贯彻执行〈中华人民共和国民法通则〉若干问题的意见（试行）》第一百三十九条规定：以营利为目的，未经公民同意利用其肖像做广告、商标、装饰橱窗等，应当认定为侵犯公民肖像权的行为。除此之外，恶意毁损、玷污、丑化公民的肖像，或利用公民肖像进行人身攻击等，也属于侵害肖像权的行为。

（二）著作权

我国《著作权法》第二条第一款规定："中国公民、法人或者其他组织的作品，不论是否发表，依照本法享有著作权。"青少年亦是公民，也具有著作权。我国《未成年人保护法》第四十六条规定："国家依法保护未成年人的智力成果和荣誉权不受侵犯。"

著作权属于作者，我国《著作权法》另有规定的除外。一般来说，创作作品的公民是作者。所以由青少年创作的作品，著作权属于创作者本人。

著作权包括下列人身权和财产权：

（1）发表权，即决定作品是否公之于众的权利；

（2）署名权，即表明作者身份，在作品上署名的权利；

（3）修改权，即修改或者授权他人修改作品的权利；

（4）保护作品完整权，即保护作品不受歪曲、篡改的权利；

（5）复制权，即以印刷、复印、拓印、录音、录像、翻录、翻拍等方式将作品制作一份或者多份的权利；

（6）发行权，即以出售或者赠与方式向公众提供作品的原件或者复制件的权利；

（7）出租权，即有偿许可他人临时使用电影作品和以类似摄制电影的方法创作的作品、计算机软件的权利，计算机软件不是出租的主要标的的除外；

（8）展览权，即公开陈列美术作品、摄影作品的原件或者复制件的权利；

（9）表演权，即公开表演作品，以及用各种手段公开播送作品的表演的权利；

（10）放映权，即通过放映机、幻灯机等技术设备公开再现美术、摄影、电影和以类似摄制电影的方法创作的作品等的权利；

（11）广播权，即以无线方式公开广播或者传播作品，以有线传播或者转播的方式向公众传播广播的作品，以及通过扩音器或者其他传送符号、声音、图像的类似工具向公众传播广播的作品的权利；

（12）信息网络传播权，即以有线或者无线方式向公众提供作品，使公众可以在其个人选定的时间和地点获得作品的权利；

（13）摄制权，即以摄制电影或者以类似摄制电影的方法将作品固定在载体上的权利；

（14）改编权，即改变作品，创作出具有独创性的新作品的权利；

（15）翻译权，即将作品从一种语言文字转换成另一种语言文字的权利；

（16）汇编权，即将作品或者作品的片段通过选择或者编排，汇集成新作品的权利等。

常见案例：未成年人对自己创作的作品享有著作权吗？

小丽是小学一年级的学生，她很有绘画天赋，4岁开始就学画，7岁时就在全国儿童绘画大赛上获得了一等奖。某少年儿童报社看到相关报道后，希望小丽能够寄去几幅作品，他们择优刊登。于是，小丽经母亲的同意后，给该报社寄去了3幅作品，但没有得到报社的任何答复。一个月后，小丽在该报社的报纸上看到了自己的3幅作品，而且上面也没有注明自己的名字。于是小丽的母亲找到报社，质问报社为什么没有通知他们作品已经被选用，为什么不支付稿费，还有为什么没有注明小丽的名字。报社的负责人认为，小丽只有7岁，根本不具有作者的资格，连选举权和被选举权都没有，哪里来的著作权。双方由此发生争议，小丽的母亲向法院提起诉讼。

经过法院判决，报社这才向小丽的母亲支付了发表小丽美术作品的稿酬。

分析：我们未成年人对自己画的画享有什么权利呢？我国《未成年人保护法》第四十六条规定："国家依法保护未成年人的智力成果和荣誉权不受侵犯。"这里的未成年人智力成果，是指未成年人对自己创造的各种作品，包括画作、歌曲、小发明以及小作品等。国家保护未成年人的智力成果不受侵犯，是指未成年人对于自己创造完成的智力活动成果依法享有人身权利和财产权利，诸如著作权、专利权、发现权和发明权等，对此任何人都不得剥夺。

本案争议的焦点是未成年人是否享有著作权。

在本案中，首先，小丽是3幅被报社选用作品的作者。小丽虽然是只有7岁的未成年人，但3幅美术作品是其构思、创作的结果，因此根据《民法通则》和《著作权法》的规定，小丽的年龄不能成为剥夺其作者资格的根据。

其次，小丽对自己创作的作品享有著作权。根据法律规定，未成年人同成年人一样可以享有著作权。小丽作为3幅作品的作者，对作品当然享有著作权。对于报社负责人的说法，"小丽只有7岁，连选举权和被选举权都没有，哪里有著作权"，在这里我们要注意的一个问题是，这位负责人混淆了政治权利与民事权利的区别。选举权和被选举权是我国宪法赋予公民的政治权利，拥有此项权利必须具备一定的年龄条件，即18周岁以上的成年人。但著作权与选举权和被选举权不同，它属于一种民事权利，我国公民享有民事权利是没有年龄限制的，只要是公民就享有民事权利，当然就享有著作权。此外，该负责人还混淆了公民的民事权利能力与民事行为能力的区别。就民事权利能力而言，所有公民是平等的，不分年龄。而就民事行为能力而言，不同公民会因为年龄的不同有所差别。具体而言，民事权利能力是指法律赋予公民享有民事权利、承担民事义务的资格。根据《民法通则》的规定，公民的民事权利能力除了具有内容广泛性和真实性的特点外，还具有平等性。而公民的民事行为能力则是公民以自己的行为去实现权利、履行义务的能力。未成年人的智力发育状况比成年人差，一般不能意识到自己行为可能带来的后果，也没有能力去履行一些义务，所以《民法通则》第十二条规定：不满10周岁的未成年人是无民事行为能力人。满10周岁不满18周岁的未成年人是限制民事行为能力人，可以进行与他们的年龄、智力状况相适应的民事活动。据此可知，对于小丽这种无民事行为能力人，仅仅说明他们一般没有实现权利、承担义务的能力，但并不是说他们没有这种资格，即无民事行为能力人，却同样能具有权利能力。因此，报社负责人的说法是没有任何法律根据的。当然对于未成年人来讲，虽然享有民事权利，但由于没有相应的民事行为能力，因此，未成年人对于著作权的行使应由其法定代理人代理或征得其法定代理人的同意后进行方能产生效力。

再次，在本案中某报社侵犯了小丽的著作权。根据上述对著作权的规定，报社在其出版的少年儿童报中选用了小丽的 3 幅作品，没有署上小丽的名字，也未支付报酬，因此侵犯了小丽著作权中人身权部分的发表权以及著作权中财产权部分的获得报酬权。

综上所述，报社的说法是没有任何法律依据的，因此它应当对侵犯小丽著作权的行为承担相应的民事法律责任。

（三）专利权

我们日常生活中总会冒出一些新颖的念头，如果我们细心留意并且继续研究下去就可能有属于自己的小发明。如有一些青少年天资聪颖，很小的时候就有自己的发明创造，这些发明创造是我们未成年人的智力成果，只要符合法律法规规定的申请专利的条件，就可以申请专利，享受专利权的保护。

申请发明专利需要具备哪些条件呢？按照我国《专利法》的规定，申请发明专利，应同时具备新颖性、创造性、实用性三个条件。通俗地讲，新颖性就是在发明人的专利申请日之前，该发明没有在国内外的刊物上公开发表过，在国内公开使用过或为公众所知，也没有同样的发明由他人向专利局提出过申请；创造性指的是该发明跟以前已有的技术相比，有其突出的实质性的特点和显著的进步；实用性指的是该项发明可以制造和使用，并能产生积极的效果。

典型案例：未成年人可以给自己的小发明申请专利吗？

迟伟从小爱动脑筋，遇事总喜欢刨根问底，尤其喜欢在课余时间，根据自己的想象在纸上写写画画，或者动手制作一些手工制品。最近，在老师的指导下，经过多次试验之后，迟伟发明了一种新的学习用品，不仅比现有的同类产品更有利于环境保护，还能大大提高学习效率。迟伟的同学也为他感到高兴，还建议迟伟说："我看过报纸上的一篇文章，按那篇文章的意思，你这种情况可以申请国家专利呢。"迟伟听了将信将疑，自己作为未成年人真的可以申请专利吗？

分析：迟伟虽然是未成年人，但也可依法享有知识产权。迟伟的发明可以向国家专利局申请专利，如果被授壬发明专利的话，迟伟对自己的发明就享有了专利权。

当然申请发明专利需要具备新颖性、创造性、实用性3个条件。迟伟需要将自己的发明对照一下看是否符合这三个条件。如果符合，就可以向国家专利局申请发明专利。

二、参加工作须谨慎

大多数青少年还是学生，每日要做的是在学校学习，接受系统的教育。但仍有一些青少年或迫于生计，或是家庭的影响，或是不同的人生规划，而较早地走向了工作岗位。但是他们毕竟不同于成年人，所以在工作时容易受到企业老板、同事的伤害与压榨，合法权益难以得到保障。对此，法律规定了不同于成年人的保护措施，以便更周延、全面地维护已经参加工作的未成年人的利益。

（一）青少年能否正式参加工作

我们总觉得自己长大了，能够像大人们一样干活赚钱了。随着我们生理和心理的发展，独立性越来越强，并在具备一定文化知识的基础上具备了一定的劳动能力。相应地，我们就提出了走向社会、参加社会劳动等活动的要求。为了既满足和尊重未成年人的这一要求，又切实保护未成年人的身心健康，关于未成年人能否参加工作的问题，我国有明确的法律规定。

　　根据《未成年人保护法》第三十八条第一款的规定，任何组织或者个人都不得招用未满 16 周岁的未成年人，国家另有规定的除外。可见国家法律将 16 周岁作为能否参加工作的界限，因此已满 16 周岁不满 18 周岁的未成年人享有参加工作的权利。但未成年工毕竟不同于成年工，他们在工作中应依法受到特别保护。

　　另外，未成年工也不同于童工。童工是指不满 16 周岁的未成年工人。招聘、使用童工是我国法律严令禁止的行为，所以不能将未成年工与童工等同。另外，未满 18 周岁的未成年人一旦参加了工作，他即享有劳动法规定的各项劳动权利，任何单位和个人不得侵犯或剥夺他们的这些权利。《未成年人保护法》第四十七条规定："未成年人已经完成规定年限的义务教育不再升学的，政府有关部门和社会团体、企业事业组织应当根据实际情况，对他们进行职业教育，为他们创造劳动就业条件。"

　　依据《劳动法》第三条的规定，未成年工和成年工一样享有下列劳动权利：就业的权利；选择职业的权利；取得劳动报酬的权利；休息、休假的权利；获得劳动安全卫生保护的权利；接受职业技术培训的权利；享有社会保险和福利的权利；提请有关部门解决劳动争议的权利。

　　（二）禁止雇用童工

　　未成年人处于身体发育的关键阶段，正是学知识、长身体的时候，不适宜就业参加工作。过早地进入社会劳动就业必将占用其大量的学习时间，不利于未成年人的健康成长。我国也禁止任何单位、个人招用低于法定最低就业年龄即 16 周岁以下的未成年人从事与其自身状况不相适应的劳动。国务院出台的《禁止使用童工规定》就有关禁止使用童工的问题作出了详细规定。

　　1. 童工范围。童工是指未满 16 周岁，与单位或者个人发生劳动关系从事有经济收入的劳动或者从事个体劳动的少年、儿童。未满16周岁的少年、儿童，参加家庭劳动、学校组织的勤工俭学和省、自治区、直辖市人民政府允许从事的无损于身心健康的、力所能及的辅助性劳动，不属于童工范畴。文艺、体育和特种工艺单位，确需招用未满16周岁的文艺工作者、运动员和学徒时，须报经县级以上（含县级）劳动行政部门批准。

2. 不满16周岁的未成年人的父母或其他监护人有义务保障其不被用人单位非法招用。不满16周岁的未成年人的父母或者其他监护人应当保护其身心健康，保障其接受义务教育的权利，不得允许其被用人单位非法招用。

3. 用人单位不得招录童工。国家机关、社会团体、企业事业单位、民办非企业单位或者个体工商户（以下统称用人单位）均不得招用不满16周岁的未成年人。禁止任何单位或者个人为不满16周岁的未成年人介绍就业。用人单位招用人员时，必须核查被招用人员的身份证，对不满16周岁的未成年人，一律不得录用。用人单位录用人员的录用登记、核查材料应当妥善保管。

4. 不满16周岁的未成年人不可以开业从事个体经营活动。

5. 雇用童工要被依法处罚。凡用人单位使用童工的，由劳动保障行政部门按照每使用一名童工每月处5000元罚款的标准给予处罚；在使用有毒物品的作业场所使用童工的，从重处罚。用人单位在规定期限内仍不改正的，将按照每使用一名童工每月处1万元罚款的标准给予处罚，并吊销营业执照或撤销民办非企业单位登记。

6. 例外情况。文艺、体育单位经未成年人的父母或者其他监护人同意，可以招用不满16周岁的专业文艺工作者、运动员。用人单位应当保障被招用的不满16周岁的未成年人的身心健康，保障其接受义务教育的权利。文艺、体育单位招用不满16周岁的专业文艺工作者、运动员的办法，由国务院劳动保障行政部门会同国务院文化、体育行政部门制定。学校、其他教育机构以及职业培训机构按照国家有关规定组织不满 16 周岁的未成年人进行不影响其人身安全和身心健康的教育实践劳动、职业技能培训劳动，不属于使用童工。

（三）对于未成年工的特殊劳动保护

参加工作、开始劳动就业，是我们挣脱父母温暖的怀抱、迈向社会的第一步，它标志着我们成为自食其力的劳动者。但未成年人毕竟不同于成年人，这就需要社会为其创造适宜的劳动条件，使其在选择工种、劳动时间、劳动强度等方面获得比成年人更充分的法律保护，以保证他们在劳动过程中，身心健康都能得到切实的维护。

未成年工是指年满 16 周岁未满 18 周岁的劳动者。我国对未成年工实行特殊劳动保护。除享有《劳动法》等相关法律对劳动者正当权益进行保护所规定的一系列基本权利外，未成年工还享有《未成年人保护法》、《禁止使用童工的规定》等法律法规所特别规定的权利。这些特殊权利包括以下几个方面：

1. 劳动时间不能太长。一般实行缩短工作时间制度，以利于未成年人在劳动后能及时恢复体力；其次是时间安排要照顾未成年人身体发育的需要，宜安排在白天而不宜安排在晚上，一般禁止安排其做夜班及加班加点；再有就是确保未成年工拥有足够的休息时间，利于未成年人身体成长及进行必要的知识学习。

2. 劳动强度上要给予适当保护。劳动强度包括劳动的繁重程度和紧张程度，前者要求安排未成年人的劳动不能太重，量不能太大，后者要求为未成年人安排的劳动频率不要太高。

3. 对未成年工应有一定的保护措施。保护措施是指为保障未成年工的劳动安全采取的措施，这些措施要根据具体工作的不同需要而预先采取，不能出了事故再予以补救。例如，在未成年工从事技术性较强，且与机器打交道的工种时，应事先对未成年工进行足够的岗位培训及安全教育，并通过悬挂标语，派人监督等形式于生产过程中不时提醒未成年工增强自我保护意识。

4. 不得安排未成年工从事矿山井下、有毒有害、国家规定的第四级体力劳动强度的劳动和其他禁忌从事的劳动。

5. 用人单位应当对未成年工定期进行健康检查，体检费用由用人单位承担。应根据未成年工的健康检查结果安排其从事适合的劳动，对不能胜任原劳动岗位的，应根据医务部门的证明，予以减轻劳动量或安排其他劳动。

6. 对未成年工的使用和特殊保护实行登记制度。

（1）用人单位招收使用未成年工，除符合一般用工要求外，还须向所在地的县级以上劳动行政部门办理登记。劳动行政部门根据《未成年工健康检查表》、《未成年工登记表》，核发《未成年工登记证》。

（2）各级劳动行政部门须审核未成年工的体检情况和拟安排的劳动范围。

（3）未成年工须持《未成年工登记证》上岗。

7. 侵犯未成年工合法权益的处罚。用人单位违反关于未成年工的保护规定，侵害其合法权益的，由劳动行政部门责令改正，处以罚款；对未成年工造成损害的，应当承担赔偿责任。

五、继承法律对青少年的影响

亲情，是由血缘关系联系起来的，这世上最宝贵、最密切的感情之一。而亲人，也往往是我们最珍惜的人。但是，一旦亲情涉及了利益，就很容易变得不再干净和纯粹。在我们周围的生活中，有多少兄弟姐妹因为分割遗产而反目成仇？这样的例子实在太多，不得不让人感慨和心寒。而我们的青少年朋友，因为年龄小，往往成为遗产分割中的受害者，不仅加剧了他们精神上的痛苦，还侵犯了他们正当的权利。所以我国法律对于青少年的继承权进行了详细的规定，切实保障青少年合法继承的权利。

（一）遗产与继承

1. 遗产

遗产是指公民死亡时遗留的个人所有财产和法律规定可以继承的其他财产权益。遗产的范围包括：

（1）公民的合法收入。如工资、奖金、从事合法经营的收入等；

（2）公民的房屋、储蓄、生活用品；

（3）公民的树木、牲畜和家禽。树木，主要指公民在宅基地上自种的树木和自留山上种的树木；

（4）公民的文物、图书资料。公民的文物一般指公民自己收藏的书画、古玩、艺术品等。如果上述文物之中有特别珍贵的文物，应按《中华人民共和国文物保护法》的有关规定处理；

（5）法律允许公民个人所有的生产资料。如农民的拖拉机、加工机具等；

（6）公民的著作权、专利权中的财产权利，即基于公民的著作被出版而获得的稿费、奖金，或者因发明被利用而取得的专利转让费和专利使用费等；

（7）公民的其他合法财产，如公民的国库券、债券、股票等有价证券，复员、转业军人的复员费、转业费，公民的离退休金、养老金等。

2. 继承与继承权

继承是指按照法律或遵照遗嘱接受死者的财产的行为。继承的实现需要具有继承权，没有继承权的人是无法继承的。

继承权是指继承人依法取得被继承人遗产的权利。青少年也有继承权，但在某些情况下也可能丧失：

（1）继承人自愿放弃继承权。继承权属于民事权利中的一种，继承人也有自由处分的权利，所以继承人是可以放弃继承权的。继承开始后，继承人放弃继承的，应当在遗产处理前，作出放弃继承的表示。没有表示的，视为接受继承。

（2）法律规定丧失继承权。我国《继承法》规定，继承人有下列行为之一的，丧失继承权：

①故意杀害被继承人的。继承人故意杀害被继承人的，不论是既遂还是未遂，均应确认其丧失继承权。

②为争夺遗产而杀害其他继承人的。

③遗弃被继承人的，或者虐待被继承人情节严重的。继承人虐待被继承人情节是否严重，可以从实施虐待行为的时间、手段、后果和社会影响等方面认定。虐待被继承人情节严重的，不论是否追究刑事责任，均可确认其丧失继承权。继承人虐待被继承人情节严重的，或者遗弃被继承人的，如以后确有悔改表现，而且被虐待人、被遗弃人生前又表示宽恕，可不确认其丧失继承权。

④伪造、篡改或者销毁遗嘱，情节严重的。继承人伪造、篡改或者销毁遗嘱，侵害了缺乏劳动能力又无生活来源的继承人的利益，并造成其生活困难的，应认定其行为情节严重。

常见案例：违法犯罪的未成年人有无继承权？

2009年4月某日，17岁的王某进屋盗窃作案时被房主发现，在搏斗中将房主杀死。法院以抢劫罪、故意杀人罪判处王某无期徒刑，并剥夺政治权利终身。同年5月，王某的父亲病逝，留下10万元存款和其他遗产。请问，王某被剥夺政治权利后还有继承权吗？

分析：我国《继承法》第七条规定了继承人丧失继承权的几种

情形，即故意杀害被继承人的；为争夺遗产而杀害其他继承人的；遗弃被继承人的，或者虐待被继承人情节严重的；伪造、篡改或者销毁遗嘱、情节严重的。本案中，王某虽然杀死了人，但不属于继承法规定的丧失继承权的四种行为之一。政治权利与继承权利性质完全不同。政治权利是国家赋予公民享有的参加国家管理和政治生活的权利。继承权是民事权利的一个重要方面，而不是政治权利。所以，继承权并不因政治权利的被剥夺而丧失，王某虽然被剥夺政治权利终身，但他仍然是我国公民，享有私有财产的继承权。

（二）遗产分配的原则遗产的分配应遵循下列原则：

（1）遗嘱优先于法律规定的原则；

（2）法定继承中实行优先顺位继承的原则；

（3）同一顺序继承人原则上平均分配的原则，即同一顺序继承人继承遗产的份额，一般应当均等。但继承人协商同意的，也可以不均等；

（4）照顾分配的原则，即对生活有特殊困难的缺乏劳动能力的继承人，分配遗产时，应当予以照顾；

（5）鼓励家庭成员及社会成员间的扶助的原则，包括对被继承人尽了主要扶养义务或者与被继承人共同生活的继承人，分配遗产时，可以多分；有扶养能力和有扶养条件的继承人，不尽扶养义务的，分配遗产时，应当不分或者少分；对继承人以外的依靠被继承人扶养的缺乏劳动能力又没有生活来源的人，或者继承人以外的对被继承人扶养较多的人，可以分配给他们适当的遗产。

总而言之，继承人应当本着互谅互让、和睦团结的精神，协商处理继承问题。遗产分割的时间、办法和份额，由继承人协商确定。协商不成的，可以由人民调解委员会调解或者向人民法院提起诉讼。

常见案例：父母可以立遗嘱剥夺未成年子女的继承权吗？

小军刚满15岁，却经常闯祸，打架斗殴、小偷小摸不断，已经被公安局叫去了好多次，却仍不肯改正。父母对小军很失望，他们立下遗嘱，在他们死后，所有财产都由小军的姐姐继承，不给小军任何财产。小军的父母这么做对吗？

本案涉及的问题是，小军父母立的遗嘱和法定继承哪个更优先呢？父母可以立遗嘱剥夺未成年子女的继承权吗？

分析：《继承法》第五条规定：继承开始后，按照法定继承办理；有遗嘱的，按照遗嘱继承或者有遗赠抚养协议的，按照协议办理。与法定继承相比，遗嘱继承虽然也是一种继承方式，但其优先于法定继承，即被继承人生前如果立有合法有效的遗嘱，就应当首先按照遗嘱的规定进行遗嘱继承；在没有遗嘱或者有遗嘱但遗嘱被人民法院判决无效，以及有遗嘱但遗嘱仅处分了部分财产的情况下，才按法定继承方式进行。

依据现行法律规定，公民不仅可以通过设定遗嘱的方式改变继承人的范围、顺序和继承份额，而且还可以取消法定继承人的继承权，把财产遗赠给法定继承人以外的人。但是，为了保护未成年人的利益，对于未成年的法定继承人，法律是禁止以遗嘱方式剥夺其继承权的：法律规定遗嘱应当为缺乏劳动能力又没有生活来源的继承人保留必要的遗产份额。由此可见，公民立遗嘱时不能剥夺法定继承人中无独立生活能力的未成年人的继承权。否则，该遗嘱无效。被遗嘱剥夺继承权的无独立生活能力和缺乏劳动能力的未成年法定继承人可依法律规定继承其应继承的份额。

本案中，小军父母的遗嘱没有给未成年的小军留下适当的遗产，以保证缺乏劳动能力又没有生活来源的儿子的正常生活，是违反法律规定的，因而其遗嘱部分无效。

（三）法定继承

法定继承是指在被继承人没有立遗嘱的情况下，由法律直接规定继承人的范围、继承顺序、遗产分配的原则的一种继承形式。所以，又称无遗嘱继承。

法定继承的法律特征有：①法定继承是以一定的人身关系为前提，即依继承人和被继承人之间的婚姻、血缘关系而确定的。②法定继承人的范围、继承顺序和遗产分配份额，都是强制性规范，除由死者生前依法以遗嘱方式加以改变外，其他任何人都无权变更。

1. 继承的顺序遗产按照下列顺序继承：

（1）第一顺序：配偶、子女、父母。子女，包括婚生子女、非婚生子女、养子女和有扶养关系的继子女。父母，包括生父母、养父母和有扶养关系的继父母。另外，丧偶儿媳对公、婆，丧偶女婿对岳父、岳母，尽了主要赡养义务的，作为第一顺序继承人。

（2）第二顺序：兄弟姐妹、祖父母、外祖父母。兄弟姐妹，包括同父母的兄弟姐妹、同父异母或者同母异父的兄弟姐妹、养兄弟姐妹、有扶养关系的继兄弟姐妹。继承开始后，由第一顺序继承人继承，第二顺序继承人不继承。没有第一顺序继承人继承的，由第二顺序继承人继承。

有一种特殊情况是，相互有继承关系的几个人在同一事件中死亡，如不能确定死亡先后时间的，推定没有继承人的人先死亡。死亡人各自都有继承人的，如几个死亡人辈分不同，推定长辈先死亡；几个死亡人辈分相同，推定同时死亡，彼此不发生继承，由他们各自的继承人分别继承。

常见案例：非婚生子女能否享有与婚生子女相同的继承权？

钱某与何某 1996 年结婚，生一子小飞。在 2000 年的时候钱某又结识了活泼漂亮的郑某并很快同居。2001 年，郑某发现自己怀孕，几个月后两人分手。但郑某不想堕胎，产一男孩小鹏，自己抚养。为了让钱某知道自己还有一个儿子，郑某曾经跟钱某联系，钱某也来看望过小鹏，并通过 DNA 检测证明小鹏确实是自己的亲生儿子。2008 年，钱某遇车祸死亡。郑某闻讯，认为钱某的遗产中应当包含给小鹏的一份遗产。但何某认为，无法证明小鹏就是钱某的亲生儿子，就算是，也是非婚生子，无权继承钱某的遗产。郑某为了维护小鹏的正当权利，向人民法院提起诉讼。

分析：非婚生子女是指没有合法婚姻关系的男女所生的子女。非婚生子女包括：未婚男女所生的子女；已有配偶者又与他人发生性行为所生的子女；无效婚姻、被撤销的婚姻当事人所生的子女等。非婚生子女和婚生子女一样，也应该享有接受生父母抚养照顾、教育的权利。《婚姻法》第二十五条规定：非婚生子女享有与婚生子女同等的权利，任何人不得加以危害和歧视。不直接抚养非婚生子女的生父或生母，应当负担子女的生活费和教育费，直至子女能独立生活为止。同时《继承法》也规定，遗产继承的第一顺序包括婚生子女、非婚生子女。由此可见，非婚生子女与婚生子女的法律地位是完全相同的，法律有关父母子女间的权利和义务，同样适用非婚生父母子女之间。非婚生子女的父母负有抚养教育非婚生子女的义务，对于不履行抚养义务的生父母，非婚生子女有权利要求其生父母给付抚养费；此外，非婚生子女有继承生父母遗产的权利，非婚生子女继承生父母遗产的权利与婚生子女的权利完全相同。

根据《继承法》第十条的规定，小鹏应当拥有与小飞同等的继承权，与小飞同属于第一顺序的法定继承人，同时应分得均等的继承份额。

2. 代位继承

代位继承是指被继承人的子女先于被继承人死亡时，由被继承人子女的晚辈直系血亲代替先死亡的长辈直系血亲继承被继承人遗产的一项法定继承制度。其中，先于被继承人死亡的继承人，称被代位继承人，简称被代位人。代替被代位人继承遗产的人称代位继承人，简称代位人。代位人代替被代位人继承遗产的权利，叫代位继承权。

常见案例：青少年可以继承祖父母或者外祖父母的遗产吗？

赵某的外祖父母有两个孩子，即自己的母亲和舅舅。赵某一家在外地工作，舅舅和外祖父母在同一地区，舅舅家也有一子。2007年，赵某的母亲在出差途中遇车祸死亡。外祖父得知这一消息后，忧郁成疾，于2008年死亡。外祖父留下18万元个人遗产。在分割遗产时，舅舅提出这笔财产应由他和赵某的外祖母平分。而赵某的爸爸认为尽管妻子已不在人世，但妻子在世时她的父亲特别喜欢她，按老人的意愿一定愿意将遗产中的一部分分给女儿，所以认为儿子赵某有权代替他的母亲继承外祖父的遗产。因出现分歧，于是暂时未对老人的遗产进行继承。2009年，舅舅在一次事故中意外身亡。此时关于老人遗产继承的问题又提了出来，双方由此诉讼到了法院。

分析：首先，赵某是否具备继承人的身份。我国《继承法》第十一条规定："被继承人的子女先于被继承人死亡的，由被继承人的子女的晚辈直系血亲代位继承。代位继承人一般只能继承他的父亲或者母亲有权继承的遗产份额。"依此规定，当未成年人的父亲或母亲先于其祖父母、外祖父母死亡时，可以代替已死亡的父亲、母亲继承祖父母、外祖父母的遗产。可见，赵某符合代位继承的条件，可以以代位继承人的身份继承外祖父的遗产。

其次，本案继承如何进行呢？

第一，确定法定继承人的范围。本案中，外祖父死后，本应由其第一顺序的法定继承人继承，包括外祖父的父母、外祖母、母亲、舅舅。外祖父的父母早已死亡，自然不再对外祖父的遗产享有继承权，而子女中，母亲先于外祖父死亡，根据代位继承的规定，赵某享有代位继承权。而舅舅后于外祖父死亡，所以他是当然的法定继承人。因此，本案有权继承外祖父18万元财产的人是：外祖母、舅舅、赵某。

第二，确定各继承人的继承份额。根据《继承法》第十一条规定的"代位继承人一般只能继承其父亲或者母亲有权继承的遗产份额"，外祖母、舅舅、赵某各继承外祖父财产的三分之一，即6万元遗产。

第三，舅舅死后，在他和他的法定继承人之间又发生一次继承程序，即出现转继承问题。但因为舅舅是在外祖父死亡时就已取得了6万元遗产，舅舅继承的6万元遗产属于夫妻共有财产，其中有3万元是其舅母的个人财产，另外3万元才是舅舅的个人遗产，由他的法定继承人即其妻子、儿子和母亲共同继承。

3. 转继承

转继承，是指继承人在继承开始后，实际接受遗产前死亡，该继承人的法定继承人代其实际接受其有权继承的遗产的一种继承制度。转继承人就是实际接受遗产的死亡继承人的继承人。

《最高人民法院关于贯彻执行〈中华人民共和国继承法〉若干问题的意见》第五十二条规定："继承开始后，继承人没有表示放弃继承，并于遗产分割前死亡的，其继承遗产的权利转移给他的合法继承人。"第五十三条规定："继承开始后，受遗赠人表示接受遗赠，并于遗产分割前死亡的，其接受遗赠的权利转移给他的继承人。"

常见案例：继承人继承遗产前死亡，遗产如何分割？

王风是一名作家、翻译家，年轻时留学美国，回国后在某师范大学外国语言文学系任教，讲授英美文学。1970年，王风同本系讲师张某结婚，婚后生有一子王鑫。1979 年，张某因病去世，王风考虑到王鑫年龄太小，所以一直未再婚，父子相依为命。1996 年，已经大学毕业并工作的王鑫同市医院的医生齐某结婚，为了照顾父亲，王鑫夫妇一直同父亲居住在一起。1998 年 11 月，王鑫之子出生，齐某给其取名王琛。2010 年 8 月，王风病逝，1 个月后，王鑫也不幸在车祸中丧生。

此后，多年不登王风家门的王风的妹妹王月在遗产继承上同齐某发生纠纷，双方争执不下，于是王月向法院起诉，王月诉称：王风去世后，遗产由第一顺序继承人王鑫继承，但现在王鑫已经去世，王风遗产应该由其兄弟姐妹继承，故要求继承王风的遗产。齐某则辩称：王鑫继承了王风的遗产，现王鑫死亡，其遗产应由我母子继承。那么到底王风的遗产应如何继承？

分析：本案涉及转继承问题。所谓转继承，是指继承人在继承开始后，遗产分割前死亡，其应继承的遗产份额转由他的合法继承人继承的制度。

《继承法意见》第五十二条规定，继承开始后，继承人没有表示放弃继承，并于遗产分割前死亡的，其继承遗产的权利转移给他的合法继承人。转继承应符合下列条件：（1）继承人的死亡时间必须是在被继承人死亡之后，遗产分割之前；（2）继承人没有丧失继承权或者作出放弃继承的意思表示；（3）转继承人须是被继承人的合法继承人。

本案中，王鑫是王风的惟一的第一顺序法定继承人，王风的全部遗产应由王鑫继承，王风死亡时，继承已经开始，但在王风财产被继承前，王鑫已经死亡，且他并未作出放弃继承的意思表示，他所继承王风的遗产转由其法定继承人继承。因此，王鑫的法定继承人应当是其妻齐某、其子王琛，而且均为第一顺序法定继承人，被继承人王风遗产应由齐某、王琛继承，王月无权继承王风的遗产。

（四）遗嘱继承

公民有权处置自己的财产，故可以在生前立下遗嘱，将自己的财产留给法定继承人，或者法定继承人以外的人。如果遗嘱中表明财产留给法定继承人，则为遗嘱继承；如果表明留给法定继承人以外的人，包括国家，则为遗赠。我国《继承法》第十六条规定："公民可以依照本法规定立遗嘱处分个人财产，并可以指定遗嘱执行人。公民可以立遗嘱将个人财产指定由法定继承人的一人或者数人继承。公民可以立遗嘱将个人财产赠给国家、集体或者法定继承人以外的人。"另外遗嘱应当对缺乏劳动能力又没有生活来源的继承人保留必要的遗产份额。

第二节　权利与义务的关系

1. 学生的权利和义务的关系，是相互依存、相辅相成、不可分割的关系。一方面，义务既是权利的前提，又是权利实现的保障。义务和权利有一种因果关系，即只有我们承担起自己的义务，才能获得相应的权利。相反，不履行义务，就不能得到应有的权份。在教育实践中，不少学生只片面强调权利，不讲义务，或者是先要求权利，却没认识到这些权利只有与义务相联系才有效力，只有履行义务才能获得。这些学生没有意识到，若没有法律义务所规定的这些界限，权利和自由就没有保证，既不可能存在，也不可能行使。因此，我们说，权利是法律所确认的实行某种行为的可能性，这种可能要变成现实，还必须有义务的保障。另一方面，正当地行使合法权利，既是法律义务的要求，也是法律义务的目的。社会主义法律的本质决定了义务必须与权利相统一，义务与权利相结合，义务不能独立存在，它只有与权利相联系，才有意义与价值。另外，义务并不一般地限制个人的自由权利，它只限制那些不正当的滥用权利。黑格尔曾指出："在义务中个人毋宁说是获得了解放"，"义务所限制的并不是自由，而只是自由的抽象，即不自由。义务就是达到本质、获得肯定的自由"。因此，只要权利，不尽义务，或者先使用权利，后尽义务，或我有权利，别人有义务的观点和行为，都割裂了义务和权利的统一关系，将给社会带来严重的后果。

2. 权利和义务具有同一性特点。当代教育法律关系最突出的特点之一就是教育权利与义务的同一性。比如，我国《义务教育法》中规定的受教育权，既为每个适龄儿童的基本权利，同时又是强迫教育，表现为每个公民必须履行的义务。教育法律关系中权利与义务的同一性，反映了当代教育与个人、国家和社会之间的基本关系，即受教育是个人发展的基本条件之一，同时也是社会、国家发展和安定的基本条件。

第七讲 走出法律误区

第一节 正确理解正当防卫

正当防卫是针对紧急不法的侵害，为了防卫自己或他人的权利，不得已而实施的行为，是排除犯罪性的典型事由之一。对于正当防卫的主观条件即"为了防卫"的意义到底应当如何理解，亦即其是指行为人的行为只要在客观上具有防卫的效果就够了，还是指行为人在行为时主观上必须具有防卫意图才足够，在国外刑法学理论上，自古以来就有争议。长期以来，在违法性的判断上，由于行为无价值论具有绝对的影响，所以在正当防卫的主观条件方面，"防卫意思必要说"一直占据通说的地位。近年来，随着结果无价值论的崛起，"防卫意思必要说"逐渐走俏。

我国刑法学的通说在行为是否具有社会危害性的判断上，采用了与国外的行为无价值论类似的判断方法，主张行为是否具有社会危害性，不仅要考虑行为本身的性质和所引起的社会危害后果，而且还要考虑行为人在行为时的主观意思。另外，1997年修正的《中华人民共和国刑法》（以下简称《刑法》）第二十条第一款明确规定，正当防卫是"为了使国家、公共利益、本人或者他人的人身、财产和其他权利免受正在进行的不法侵害而采取的制止不法侵害的行为"。因此笔者运用讲解与案例结合的方法，对正当防卫进行更好的阐述，以避免不必要的悲剧结果发生。

一、防卫意图

正当防卫是公民和正在进行的不法侵害作斗争的行为。因此，防卫人主观上必然具有某种防卫意图，这就是正当防卫构成的主观条件。所谓防卫意图，是指防卫人意识到不法侵害正在进行，为了保护国家、公共利益、本人或者他人的人身、财产等合法权利，而决意制止正在进行的不法侵害的心理状态。因此，防卫意图可以包括两个方面的内容：第一，对于正在进行的不法侵害的认识，即正当防卫的认识因素。这里所谓对不法侵害的认识，是防卫人意识到国家、公共利益、本人或者他人的人身、财产等合法权利受到正在进行的不法侵害。因此认识内容包括防卫起因、防卫人产生正当防卫意志的主观基础，是对客观存在的不法侵害的正确反映。没有正当防卫的认识，就不可能产生正当防卫的意志，也就没有防卫意图可言。第二，对于制止正在进行的不法侵害的决意，即正当防卫的意志因素。正当防卫意志体现在对防卫行为的自觉支配或者调节作用，推动防卫人实施防卫行为，并且积极地追求保护国家、公共利益和其他合法权利的正当防卫的目的。因此，防卫意图是正当防卫的认识因素和意志因素的统一。

二、防卫起因

不法侵害是正当防卫的起因，没有不法侵害就谈不上正当防卫。因此，防卫起因是正当防卫构成的客观条件之一。作为防卫起因的不法侵害，必须具备两个基本特征：（1）权益侵害性。这里所谓法益侵害性，是指某一行为直接侵害国家、公共利益、本人或者他人的人身、财产等合法权益，具有不法的性质。（2）侵害紧迫性。这里所谓侵害紧迫性，一般来说是指那些带有暴力性和破坏性的不法行为，对我国刑法所保护的国家、公共利益和其他合法权益造成的侵害具有一定的紧迫性。只有同时具备以上两个特征，才能成为正当防卫的起因。行为的法益侵害性，是正当防卫起因的质的特征。没有权益侵害性就不存在正当防卫的现实基础，因此不发生侵害紧迫性的问题。侵害紧迫性是正当防卫起因的量的特征，它排除了那些没有紧迫性的不法侵害成为防卫起因的可能性，从而使正当防卫的起因限于为实现正当防卫的目的所允许的范围。总之，作为正当防卫起因的不法侵害，是具有法益侵害性的不法侵害，确切地说，它是危害国家、公共利益和其他合法权利，并且达到了一定的紧迫程度的不法侵害。

三、防卫客体

正当防卫是通过对不法侵害人造成一定损害的方法，使国家、公共利益、本人或者他人的人身、财产等合法权利免受正在进行的不法侵害的行为。正当防卫的性质决定了它只能通过对不法侵害人的人身或者财产造成一定损害的方法来实现防卫意图。因此，防卫客体的确定对于正当防卫的认定具有重要意义。我们认为，防卫客体主要是不法侵害人的人身。因为不法侵害是人的积极作为，它通过人的一定的外部身体动作来实现其侵害意图。为了制止这种正在进行的不法侵害，必须对其人身采取强制性、暴力性的防卫手段。应当指出，在某些特定情况下，物也可以成为防卫客体。

四、防卫时间

正当防卫的时间是正当防卫的客观条件之一，它所要解决的是在什么时候可以进行正当防卫的问题。正当防卫是为制止不法侵害而采取的还击行为，必须面临着正在进行的不法侵害才能实行。所谓不法侵害正在进行，是指侵害处于实行阶段，这个实行阶段可以表述为已经发生且尚未结束。因此，防卫时间可以从以下两个方面进行认定：（1）开始时间。这里的关键是要正确地认定不法侵害行为的着手。笔者认为在确定不法侵害的着手，从而判断正当防卫的开始时间的时候，不能苛求防卫人，而是应该根据当时的主观和客观的因素全面分析。例如，对于入室犯罪来说，只要已经开始入室，未及实施其他侵害行为，也应当视为已经开始不法侵害。在个别情况下，不法侵害虽然还没有进入实行阶段，但其实施却已逼近，侵害在即，形势十分紧迫，不进行正当防卫不足以保护国家、公共利益和其他合法权益。在这种情况下，可以实行正当防卫。（2）终止时间。在不法侵害终止以后，正当防卫的前提条件已经不复存在。因此，一般不再发生防卫的问题。所以，必须正确地确定不法侵害的终止，以便确定正当防卫权利的消失时间。笔者认为，我国刑法中正当防卫的目的是使国家、公共利益、本人或者他人的人身、财产等合法权利免受正在进行的不法侵害。因此，不法侵害的终止应以不法侵害的危险是否排除为其客观标准。在以下三种情况下，应当认为不法侵害已经终止，不得再实行正当防卫：第一，不法行为已经结束；第二，不法侵害行为确已自动中止；第三，不法侵害人已经被制服或者已经丧失侵害能力。在以上三种情况下，正当防卫人之所以必须停止防卫行为，是因为客观上已经不存在危险，或者不需通过正当防卫排除其危险。

五、防卫限度

正当防卫的必要限度是它和防卫过当相区别的一个法律界限。关于如何理解正当防卫的必要限度，在刑法理论上主要存在以下三种观点：（1）基本适应说，认为防卫行为不能超过必要的限度。就是说，防卫行为和侵害行为必须基本相适应。怎样才算基本相适应，这要根据侵害行为的性质和强度以及防卫利益的性质等因素来决定。（2）客观需要说，认为防卫行为只要是为制止不法侵害所需要的，就是没有超过限度。因此，只要防卫在客观上有需要，防卫强度既可以大于也可以小于，还可以相当于侵害的强度。（3）基本适应和客观需要统一说，认为考察正当防卫行为是否超过必要限度，关键是要看是否为有效制止不法侵害行为所必需，必要限度也就是必须限度。但是，如何认定必须不必须，脱离不了对侵害行为的强度、其所保卫权益的性质以及防卫行为的强度作综合的分析研究。正当防卫必要限度实际上可以分为两个互相联系而又互相区别的问题：一是何为正当防卫的必要限度；二是如何确定正当防卫的必要限度。关于前者，显然应当以有效地制止正在进行的不法侵害所必需为限度。这是考察必要限度的出发点，是确定必要限度的基本原则。对于后者，应当采取一个综合的标准，从以下三个方面进行考察：（1）不法侵害的强度。在确定必要限度时，首先需要考察不法侵害的强度。所谓不法侵害的强度，是指行为的性质、行为对客体已经造成的损害结果的轻重以及造成这种损害结果的手段、工具的性质和打击部位等因素的统一。对于不法侵害实行正当防卫，如果用轻于或相当于不法侵害的防卫强度不足以有效地制止不法侵害的，可以采取大于不法侵害的防卫强度。当然，如果大于不法侵害的防卫强度不是为制止不法侵害所必需，那就是超过了正当防卫的必要限度。（2）不法侵害的缓急。不法侵害的强度虽然是考察正当防卫是否超过必要限度的重要因素，但我们不能把侵害强度在考察必要限度中的作用绝对化，甚至认为这是唯一的因素。在某些情况下，不法侵害已经着手。形成了侵害的紧迫性，但侵害强度尚未发挥出来，因此无法以侵害强度为标准，只能以侵害的紧迫性为标准，确定是否超过了正当防卫的必要限度。所谓不法侵害的缓急是指侵害的紧迫性，即不法侵害所形成的对国家、公共利益、本人或者他人的人身、财产等合法权利的危险程度。不法侵害的缓急对于认定防卫限度具有重要意义，尤其是在防卫强度大于侵害强度的情况下，考察该大于不法侵害的防卫强度是否为制止不法侵害所必须，更应以不法侵害的缓急等因素为标准。(3) 不法侵害的权益。不法侵害的权益，就是正当防卫保护的权益，它是决定必要限度的因素之一。根据不法侵害的权益在确定是否超过必要限度中的作用，为保护重大的权益而将不法侵害人杀死，可以认为是为制止不法侵害所必需，因而没有超过正当防卫的必要限度。而为了保护轻微的权益，即使是非此不能保护，造成了不法侵害人的重大伤亡，而就可以认为是超过了必要限度。

正确理解和运用正当防卫，还必须划清正当防卫与各种非正当防卫的界限。

1. 正当防卫与假象防卫

假象防卫指实际上并不存在侵害行为，而是"防卫人"想象或推测存在不法侵害，因而对想象中的侵害人实行了"防卫"。例如某甲深夜见某乙骑了一辆崭新的自行车，怀疑是偷的，忙上前盘问，此时见乙掏兜，以为是掏"家伙"，就将某乙打伤。其实某乙是掏手巾拭汗。可见，假象防卫面对的侵害行为是想象中的或推测的，而并非真实的和客观存在的。而正当防卫面临的侵害行为是客观存在的、真实的。因而假象防卫不具备正当防卫的前提条件，对其应按对事实认识错误的规则来办理。

2. 正当防卫与防卫挑拨

防卫挑拨是指侵害者为了达到侵害的目的，故意采取挑拨、寻衅等手段诱使、激发对方先发生侵害行为，然后借口正当防卫对对方实行打击。如王某欲加害李某，找碴儿与李某发生争执，激发李某先动手，然后借"防卫"之名将李某打成重伤。可见防卫挑拨是假借正当防卫之名行犯罪之实，其目的是加害对方，与正当防卫保护国家利益、公共利益、本人及他人的合法利益免遭不法侵害的宗旨是背道而驰。因此，区分正当防卫与挑拨行为对于划清罪与非罪有重要意义。

3. 正当防卫与相互斗殴

相互斗殴是指双方用暴力发泄私愤，相互加害的行为。双方都有加害对方之意，是非曲直很难分清，双方的行为都是非法的，无论谁先动手都不存在被加害者的正当防卫权利。但是，当互殴的一方已经逃匿，另一方仍然乘胜追击时，此时逃匿的一方有权对另一方实行正当防卫。因这时行为的性质已经发生变化。而正当防卫则是以合法的行为对抗非法的行为，因而两者有本质的区别。

4. 正当防卫与"大义灭亲"

所谓"大义灭亲"是指行为人将有违法犯罪行为的亲属私自处死的行为，是一种特殊的不适时防卫。虽然被害人曾实施不法侵害行为，但是在被杀之时，并未有不法侵害正在进行的事实，因而不能认为具有防卫的客观依据，这显然与正当防卫是有区别的。因为正当防卫必须发生在侵害行为正在发生之时，当侵害行为已经结束后，并不存在正当防卫的权利。

5. 正当防卫与采取防盗措施的问题

在日常生活中，人们常常采取一些措施如安置防护栏、防盗门、报警装置等来防止财物被盗，这符合正当防卫的目的，然而两者又是有严格区别的。正当防卫是在面临不法侵害时采取的一种保护自己合法利益的行为，而防盗措施是在不法侵害行为发生之前采取的。采取一定措施防盗无可非议，但防盗措施的采取不是无条件的，而必须在合法的状态下存在。首先，防盗措施不能危及不法侵害人以外的人的安全，如私设电网防盗或投毒防盗。其次，防盗措施不能对不法侵害人造成"重大损害"且"明显超过必要限度"，即不能用致人死亡、重伤的方法保护家庭财产的安全。如果不符合这两个条件，防盗措施的采用属于非法的、不正当的，应予以纠正和制止，对造成严重后果的应追究刑事责任。

6. 正当防卫与防卫过当

为了使国家、公共利益、本人或他人的人身、财产和其他权利免受正在进行的不法侵害而采取的制止不法侵害的行为明显超过必要限度，给不法侵害人造成重大损失的即防卫过当。正当防卫与防卫过当的区别主要表现在 3 个方面。（1）针对的对象不同。防卫过当针对的不法侵害不能是"行凶、杀人、抢劫、强奸、绑架以及其他严重危及人身安全的暴力犯罪"，只能是此类犯罪以外的不法侵害行为。正当防卫针对的不法侵害则不在此限。（2）限度不同。只有当防卫明显超过必要限度且造成重大损害时，才是防卫过当，否则就是正当防卫。（3）后果不同。正当防卫是国家支持鼓励的行为，不但不会受到法律的制裁，反而要受到法律的保护，社会的支持，人们的赞扬。而防卫过当由于其超过了法律规定的限度，从性质上讲已不是正当防卫，而是犯罪行为，应按照其行为的性质追究刑事责任。

总之，正确理解和运用正当防卫，对维护国家、公共利益和公民的人身财产权利，鼓励人民群众积极同违法犯罪作斗争，弘扬见义勇为优良传统和作风都具有极其重要的意义。下面将用几个例子做细致的讲解。

（一）王某过失致人死亡案（假想防卫的认定与处理）

1. 基本案情

1999 年 4 月 16 日晚，被告人王某一家 3 口入睡后，忽听见有人在其家屋外喊叫王某与其妻伶某的名字。王某便到外屋查看，见一人已将外屋窗户的塑料布扯掉一角，正从玻璃缺口处伸进手开门。王某即用拳头打那人的手一下，该人急抽回手并跑走。王某出屋追赶未及，亦未认出是何人，即回屋带上一把自制的木柄尖刀，与其妻一道，锁上门后（此时其10岁的儿子仍在屋里睡觉），同去村支书吴某家告知此事，随后又到村委会向大林镇派出所电话报警。当王与其妻报警后急忙返回自家院内时，发现自家窗前处有两人影，此两人系本村村民何某、齐某来王家串门，见房门上锁正欲离去。王某未能认出何、齐两人，而误以为是刚才欲非法侵入其住宅之人，又见两人向其走来，疑为要袭击他，随即用手中的尖刀刺向走在前面的齐某胸部，致齐某因气血胸，失血性休克当场死亡。何某见状上前抱住王，并说"我是何某。"王某闻声停住，方知出错。

某中级人民法院依照《中华人民共和国刑法》第233条、第64条的规定，于1999年11月15日判决如下：

被告人王某犯过失致人死亡罪，判处有期徒刑七年，没收其作案工具尖刀一把。

一审宣判后，被告人王某未上诉。某人民检察院以"被告人的行为是故意伤害犯罪，原判定罪量刑不当"为由，向某高级人民法院提出抗诉。

某高级人民法院依照《中华人民共和国刑事诉讼法》第一八九条第一项，于2000年1月23日裁定驳回抗诉，维持原判。

2. 涉案问题

假想防卫如何认定与处理。

3. 裁判理由

被告人王某因夜晚发现有人欲非法侵入其住宅即向当地村干部和公安机关报警，当其返回自家院内时，看见齐某等人在窗外，即误认为系不法侵害者，又见二人向其走来，疑为要袭击他，疑惧中即实施了"防卫"行为，致他人死亡。属于在对事实认识错误的情况下实施的假想防卫，其行为具有一定社会危害性。因此，应对其假想防卫所造成的危害结果依法承担过失犯罪的刑事责任，其行为已构成过失致人死亡罪。

4. 评析意见

本案涉及假想防卫的认定及处理问题。在刑法理论上，假想防卫是指基于主观上的认识错误，实际上并不存在不法侵害却误认为存在，因而对臆想中的不法侵害实行了所谓正当防卫，造成他人无辜损害的情形。因此，假想防卫存在以下四个特征：

（1）作为防卫客体的不法侵害实际上并不存在；

（2）主观上产生认识错误，误认为存在不法侵害；

（3）客观上对臆想中的不法侵害实施了所谓防卫；

（4）对未实施不法侵害的他人造成了无辜损害。

在判断是否属于假想防卫的时候，需要注意与正当防卫和一般犯罪加以正确区分：首先应当正确判断客观上是否存在不法侵害，这是假想防卫与正当防卫的根本区分之所在。如果确实存在不法侵害，则行为人的反击行为就是对不法侵害的一种正当防卫。只有在根本不存在不法侵害的情况下，基于主观上的认识错误而对臆想中的不法侵害实施所谓防卫，才能认定为假想防卫。在本案中，村民齐某等两人是到王某家来串门的，该两人并非先前窥视王某家的人，其根本没有实施不法侵害。因此，不存在不法侵害，被告人王某的行为不能认定为正当防卫。其次应当正确判断主观上是否存在认识错误，即误认为存在不法侵害，这是假想防卫与一般犯罪的根本区分之所在。如果并没有发生认识错误而是以侵害故意对他人实施伤害或者杀害行为，则属于一般犯罪，不得认定为假想防卫。只有在

　　行为人存在认识错误的情况下，行为人基于假想中的防卫意图，对他人实施了所谓的防卫，才能认定为假想防卫。在本案中，被告人王某住家的位置较为偏僻，由于夜间确有人欲非法侵入其住宅的前因发生，被告人王某是在极其恐惧的心态下携刀在身，以防不测。因此，当被告人王某返家时，可见齐某等人在自家院内窗前，基于前因的惊恐，对室内孩子安危的担心，加之案发当晚夜色浓、风沙大，无法认人，即误认为齐某等人系不法侵害人，又见两人向其走来，误以为要袭击他，因而产生存在不法侵害的认识错误，基于这种认识错误对臆想中的不法侵害人实施了所谓防卫。因此，本案存在认识错误。基于以上两个方面，将本案被告人王某的行为认定为假想防卫是完全正确的。

　　在认定被告人王某的行为属于假想防卫的基础上，还需要正确处理假想防卫。对此，在检察机关和法院之间存在争议。检察机关以故意伤害罪对被告人王某起诉，而一审法院基于假想防卫而将被告人王某的行为认定为过失致人死亡罪。一审宣判以后，检察机关以"被告人的行为是故意伤害犯罪，原判定罪量刑不当"为由，提出了抗诉。但二审法院驳回了检察机关的抗诉，维持了一审判决。对于检察机关认定王某的行为是故意伤害罪的理由，本案的案情介绍没有论及。存在两种可能：一是检察机关根本就没有认定被告人王某的行为属于假想防卫，而认为是一般的犯罪。在这种情况下，被告人王某的行为当然就会认定为故意伤害罪。二是检察机关也认为被告人王某的行为属于假想防卫，但主张在假想防卫的情况下，被告人的行为应当认定为故意犯罪。笔者姑且按照以上第二种情况加以分析，即对于假想防卫究竟应当如何定罪？在刑法理论上，一般认为，对于假想防卫应当按照对事实认识错误的原理解决其刑事责任问题，具体可以归纳为以下3个原则：

（1）假想防卫不可能构成故意犯罪；

（2）在假想防卫的情况下，如果行为人主观上存在过失，应以过失犯罪论处；

（3）在假想防卫的情况下，如果行为人主观上没有罪过，其危害行为是由不能预见的原因引起的，那就是意外事件，行为人不负刑事责任。

假想防卫之所以被误认为是故意犯罪，主要是把犯罪故意与心理学上的故意混为一谈了。假想防卫虽然是故意的行为，但这种故意是建立在对客观事实错误认识的基础上的，自以为是在对不法侵害实行正当防卫。行为人不仅没有认识到其行为会发生危害社会的后果，而且认为自己的行为是合法正当的，而犯罪故意则是以行为人明知自己的行为会发生危害社会的后果为前提的。因此，假想防卫的故意只有心理学上的意义，而不是刑法上的犯罪故意。这也就是说，假想防卫的行为人，在主观上是为了保护自己的合法权益免遭侵害，其行为在客观上造成的危害是由于认识错误所致，其主观上没有犯罪故意，因此，假想防卫中是不可能存在故意犯罪的。本案被告人王某基于对客观事实的认识错误，实际上并不存在不法侵害，却误认为存在不法侵害，自以为是为了保护本人人身或者财产的合法权益而实施的所谓防卫，其主观上根本不存在明知其行为会造成危害社会结果的问题，被告人王某主观上既不存在直接故意，也不存在间接故意。被告人王某的假想防卫行为虽然造成了他人无辜死亡的后果，在客观上具有一定的社会危害性，但不能以故意杀人罪论处。当然，在本案中，被告人王某对于造成齐某的死亡具有过失，因此对其以过失致人死亡罪论处，是完全正确的。

（二）苏某故意伤害案（正当防卫与互相斗殴的区分）

1. 基本案情

1997 年 12 月间，某市卫生学校 97 级学生平某在某市一饭店歌舞厅跳舞时，先后认识了苏某和张某，并同时交往。交往中，张某感觉平某对其即若即离，即怀疑是苏某与其争女友所致，遂心怀不满。1998 年 7 月 11 日晚，张某以"去找一个女的"为由，叫了其弟张秋某和同乡尤某、谢某、邱某一起来到宿舍，将苏某叫出，责问其与平某的关系，双方发生争执。争执中，双方互用手指指着对方。尤某见状，冲向前去踢了苏某一脚，欲出手时，被张某拦住，言明事情没有搞清楚不要打。随后，苏某返回宿舍。张某等人站在门外。苏某回到宿舍向同学要了一把多功能折叠式水果刀，并张开刀刃插在后裤袋里，叫平某与其一起出去。在门口不远处，苏某与张某再次发生争执，互不相让，并用中指比划责骂对方。当张某威胁："真要打架吗？"苏某即言："打就打！"张某即出拳打苏某，苏某亦还手，两人互殴。被害人张秋某见其兄与苏某对打，亦上前帮助其兄。苏某边打边退，尤某、谢某等人见状围追苏某。苏某即拔出水果刀朝冲在最前面的被害人张秋某挺刺一刀，致其倒地，后被送往医院经抢救无效死亡。

某中级人民法院根据《中华人民共和国刑法》第二三四条第二款、第五十六条第一款、第三十六条第一款及《中华人民共和国民法通则》第一一九条的规定，于 1999 年 10 月 26 日判决如下：

被告人苏某犯故意伤害罪，判处有期徒刑 14 年，剥夺政治权利 3 年。

宣判后，被告人苏某不服，以其是在受到正在进行的不法行为侵害而防卫刺中被害人的，主观上并无互殴的故意，应认定为防卫过当，且系初犯、偶犯为由，向某高级人民法院提起上诉。某高级人民法院于 2000 年 5 月 10 日裁定驳回上诉，维持原判。

2. 涉案问题

正当防卫与互相斗殴如何区分？

3. 裁判理由

被告人（上诉月苏某因琐事与被害人胞兄张某争吵、斗殴，并持刀将被害人刺伤致死，其行为已构成故意伤害罪，且后果严重。被告人苏某第一次被张某叫出门时，虽然被张某的同伙尤某踢了一脚，但被张某制止，并言明"事情没搞清楚不要打"，可见当时尤某的行为还是克制的。事后苏某不能冷静处置，回至宿舍向同学要了一把折叠式水果刀，并张开刀刃藏于裤袋内出门，说明此时苏某主观上已产生斗殴的犯意。在张某的言语挑衅下，苏某扬言"打就打"，并在斗殴中持刀刺死帮助其兄斗殴的被害人。上述事实表明，苏某无论在主观方面还是客观方面都具有对对方不法侵害的故意和行为。因此，苏某的行为不符合正当防卫中防卫过当的本质特征。

4. 评析意见

本案涉及正当防卫与互相斗殴的区分问题。本案被告人（上诉人）虽然提出的是防卫过当的辩解，但防卫过当是以正当防卫为其前提的，如果被告人不具备正当防卫的前提，也就不可能构成防卫过当。因此，本案需要解决的还是如何区分正当防卫与互相斗殴的界限。在互相斗殴的情况下，由于行为人主观上没有防卫意图，其行为不能被认定为正当防卫。这里的互相斗殴，是指参与者在其主观上的不法侵害故意的支配下，客观上所实施的连续的互相侵害行为。在我国刑法中，互相斗殴是一种违法犯罪行为。按照互相斗殴性质的严重程度，可以分为以下两种情形：一是结伙斗殴，属于扰乱公共秩序的违反治安管理行为，是一种违法行为。二聚众斗殴，属于我国刑法所规定的犯罪行为。无论是结伙斗殴还是聚众斗殴，双方都具有不法的性质，可以说是不正与不正之关系。互相斗殴，把每个人的行为隔离开来看，似乎具备正当防卫的客观条件。但是，互相斗殴的双方主观上都没有防卫意图，因此不能成立正当防卫。

在司法实践中，因互殴致人死亡的案件，被告人往往以正当防卫或者防卫过当进行辩解。那么如何区分正当防卫与互相斗殴呢？正当防卫与互相斗殴的区分主要表现在以下两个方面：一是在客观上正当防卫是一种防卫行为，而互相斗殴是一种斗殴行为。二是在主观上正当防卫具有防卫意图，而互相斗殴具有侵害意图。综合以上两点，正当防卫和互相斗殴之间存在性质上的区分。在本案中，苏某无论是在主观方面还是客观方面，都具有对对方进行不法侵害的故意与行为。也就是说，苏某并非不愿斗殴，退避不予还手，在无路可退的情况下，被迫进行自卫还击，且对方手中并未持有任何凶器。显然，苏某的行为是为了逞能，目的在于显示自己不惧怕对方，甚至故意侵害他人的人身权利，是一种有目的的直接故意犯罪行为，主观上具有犯罪目的，不具有防卫意图与防卫行为，因此不可能构成防卫过当。

（三）周某故意杀人案（事前防卫的认定与处理）

1. 基本案情

2004年7月27日晚，被告人周某之妹周某某为家庭琐事与其夫（被害人）李某发生争吵，周某之母赵某出面劝解时被李某用板凳殴打。周某回家得知此事后，即邀约安某一起到李家找李某，因李某不在家，周某即打电话质问李某，并叫李某回家把事情说清楚，为此，两人在电话里发生争执，均扬言要砍杀对方。之后，周某打电话给某派出所，派出所民警到周某家劝解，周某表示只要李某前来认错、道歉及医治，就不再与李某发生争执，随后派出所民警离开。次日凌晨1时30分许，李某邀约任某、杨某、吴某等人乘坐出租车来到周某家。周某听到汽车声后，从厨房拿一把尖刀从后门绕到房屋左侧，被李某等人发现，周某与李某均扬言要砍死对方，然后周某与李某持刀打斗，杨某、任某等人用石头掷打周某。打斗中，周某将李某右侧胸肺、左侧腋、右侧颈部等处刺伤，致李某急性失血性体克，呼吸、循环衰竭死亡；李某持砍刀将周某头顶部、左胸侧等处砍伤，将周某左手腕砍断。经法医鉴定周某的损伤程度属于重伤。

某中级人民法院依照《中华人民共和国刑法》第二三二条、第六十七条第一款和《中华人民共和国民法通则》第一一九条、第一三一条的规定，于 2005 年 1 月 3 日判决如下：

被告人周某犯故意杀人罪，判处有期徒刑 8 年。

一审宣判后，周某不服，向某高级人民法院提起上诉称：自己没有非法剥夺被害人生命的主观意图和故意行为，其行为属正当防卫，不应承担刑事与民事责任。其辩护人认为：原判认定事实不清，证据不足。周某是在自身安危已构成严重威胁之时的正当防卫行为，不应承担刑事与民事责任，请求宣告周某无罪。

某高级人民法院于 2005 年 5 月 16 日作出判决，驳回上诉，维持原判。

2. 涉案问题

事前防卫如何认定与处理。

3. 裁判理由

被告人（上诉人）周某在其母亲被被害人殴打后欲报复被害人，持刀与被害人打斗，打斗中不计后果，持刀猛刺被害人胸部等要害部位，致被害人死亡，其行为已构成故意杀人罪。本案的双方均有侵害对方的非法意图，双方于案发前不仅互相挑衅，而且均准备了作案工具。周某在对方意图尚未显现，且还未发生危及人身安全的情况下，即持刀冲上前砍杀对方，事实上属于一种事先防卫的行为。由此可见，周某的行为不符合正当防卫的条件，不能认定为正当防卫。终上所述，被告人周某主观上具有剥夺他人生命的故意，客观上实施了与他人斗殴的行为，并且造成他人死亡的危害后果，依法应当承担故意杀人罪的刑事责任。

4. 评析意见

在本案审理过程中，对周某的行为如何定性，存在三种意见：第一种意见认为被告人周某的行为构成故意杀人罪，第二种意见认为被告人周某的行为属于正当防卫，第三种意见认为被告人周某的行为属于防卫过当，其行为构成故意伤害罪。在本案定罪时，首先应该正确认定是否属于正当防卫，如果是正当防卫再考虑是否属于防卫过当的问题。如果根本就不是正当防卫，也就没有防卫过当可言。根据我国刑法的规定，正当防卫是在受到正在进行的不法侵害的情况下，为使合法权益免受不法侵害而实施的一种防卫行为。存在正在进行的不法侵害是构成正当防卫的前提条件。只有当这种不法侵害具有紧迫性时，才允许行为人对不法侵害实行防卫。在本案中，认定是否存在正在进行的不法侵害关键是如何认识死者李某深夜带领众人前去周某家的行为，即这是否是一种正在进行的不法侵害？对此存在观点分歧：一种观点认为：周某于案发前向派出所打电话是想求助，寻求保护，而且周某是在被追杀的情况下予以的反击，由此可以看出周某一直是处于躲避、退让、寻求合法保护的状态下，为保护自己的合法权益，在不得已的情况下实施的正当防卫行为。至于对正在进行的不法侵害的理解，只要形势紧迫即可进行防卫，并不苛求是否已经着手。本案被害人凌晨2时许邀约多人前往周某家即可认为不法侵害正在进行。另一种观点认为：双方都有伤害对方的故意，但不能说明李某邀约多人就是要来杀人，还有可能是来打人或毁坏财物等，所以在被害人未动手之前不能认为"不法侵害正在进行"。周某看见被害人后主动迎上去并扬言砍死被害人，说明周某亦有加害被害人的故意。由此可见，本案被告人周某的行为能否认定为正当防卫或者防卫过当，关键在于如何认定不法侵害正在进行。尤其是，不法侵害正在进行是否要求不法侵害已经着手实施。

关于正当防卫时间条件的不法侵害正在进行，涉及不法侵害的开始时间和结束时间。在刑法理论上一般认为，所谓正在进行的不法侵害，是指着手以后的行为，即犯罪的实行行为，而着手以前的犯罪预备行为，不能认为是正在进行的不法侵害。根据我国刑法的规定，犯罪预备是为犯罪准备工具，制造条件的行为。犯罪预备的实质在于为进一步实行犯罪创制各种条件。犯罪预备尚未造成直接危害，因此不能对其实行正当防卫。例如，某甲得知某乙正在磨刀要杀害自己，某甲就不能以正当防卫为由提前动手将某乙杀死。不法侵害只有在着手实行以后，对他人的人身权利或者其他合法权益造成了现实的威胁，才能对其实行正当防卫。刑法理论认为，在以下情况下应当视为不法侵害已经着手，可以对不法侵害人实行正当防卫：

（1）在不法侵害是手段行为与结果行为统一的情况下，手段行为之着手就是不法侵害之着手，可以实行正当防卫。

（2）在不法侵害已经逼近，例如杀人犯携带凶器接近防卫人，或者举刀正要下手行凶之际，应该认为不法侵害已经着手，可以对其实行正当防卫。

（3）在不法侵害十分紧迫，防卫人的人身权利受到严重威胁的情况下，可以实行正当防卫。

（4）在不法侵害的实行过程中，只要其不法侵害仍在继续之中，可以对其实行正当防卫。

（5）在不法侵害的实行过程中，因故停止，但仍然存在着对本人人身的严重威胁，可以实行正当防卫。不法侵害的正在进行是正当防卫的时间条件，凡是违反正当防卫的时间条件的所谓防卫行为，在刑法理论上称为防卫不适时。防卫不适时可以分为事前防卫与事后防卫者两种情形。其中，事前防卫是指在不法侵害尚未发生时所采取的所谓防卫行为。由于在这种情况下，不法侵害没有现实地发生，因此，其行为不得视为正当防卫。

在本案中，被告人周某的行为能否认定为正当防卫或者防卫过当，就在于是否存在正在进行的不法侵害。不可否认，在案发前被告人周某确实曾经给派出所打电话报警，派出所民警也来到周某家劝解。但在死者李某凌晨带人来到周某家时，周某并没有冷静处理，而是携带尖刀从后门出去绕至房屋左侧，主动迎战。从李某的行为来看，李某是在周某的电话催促下才在深夜带人来到周某家的。因为周某在电话里说要打李某，李某才多带了一些人来到周某家。李某到达周某家后，只身进入周某家，且未持任何器械，其他人也没有一拥而入。这说明当时李某等人并没有着手实施不法侵害。在这种情况下，周某持刀冲上前砍杀对方，形成互相斗殴，并将李某砍伤致死，其行为不能认定为正当防卫，因而也就不存在防卫过当的问题。

（四）李某故意伤害案（事后防卫的认定与处理）

1. 基本案情

2002年9月17日凌晨，被告人（上诉人）李某与其同事王某、张某（另案处理）、孙某等人在某区一迪厅娱乐时，遇到本单位女同事王晓某等人及其朋友王宗某等人，王宗某故意撞了李某一下，李某对王宗某说："刚才你撞到我了。"王宗某说："喝多了，对不起。"两人未发生进一步争执。李某供称其感觉对方怀有敌意，为防身，遂返回其住处取尖刀一把再次来到迪厅。其间王宗某打电话叫来张艳某（男，时年20岁）、董某等3人（另案处理）帮其报复对方。3人赶到环球迪厅时李某已离去，张艳某等人即离开迪厅。李某取刀返回迪厅后，王宗某即打电话叫张艳某等人返回迪厅，向张艳某指认了李某，并指使张艳某等人在过街天桥下伺机报复李某。当日凌晨1时许，李某、王某、张某、孙某等人返回单位，当途经过街天桥时，张艳某、董某等人即持棍对李某等人进行殴打。孙某先被打倒，李某、王某、张某进行反击，其间，李某持尖刀刺中张艳某胸部、腿部数刀。张艳某因被刺胸部，伤及肺脏、心脏致失血性体克死亡。孙某所受损伤经鉴定为轻伤。

某中级人民法院依照《中华人民共和国刑法》第二三四条第二款、第五十六条、第六十一条之规定，于2003年5月13日判决如下：

李某犯故意伤害罪，判处有期徒刑15年，剥夺政治权利3年。

一审宣判后，李某不服，提出上诉。李某上诉称，其在遭到不法侵害时实施防卫，造成被害人死亡的结果属于正当防卫，原判对其量刑过重，请求从轻处罚。其辩护人认为，李某的行为属于正当防卫过当，原审判决认定事实错误，对李某量刑过重，请求二审法院依法改判。

二审法院经审理认为，原审人民法院认定李某犯故意伤害罪正确且审判程序合法，但对本案部分情节的认定有误，适用法律不当，对李某量刑过重，依法予以改判。据此，依照《中华人民共和国刑事诉讼法》第一八九条第二项及《中华人民共和国刑法》第二三四条第二款、第二十条第二款、第六十一条之规定，于2003年8月5日判决如下：

上诉人李某犯故意伤害罪，判处有期徒刑 5 年。

2. 涉案问题

事后防卫如何认定与处理？

3. 裁判理由

一审法院认为，被告人李某故意伤害他人身体，致人死亡，其行为已构成故意伤害罪，犯罪后果特别严重，依法应予惩处。鉴于被害人对本案的发生负有重大过错，故依法对被告人李某予以从轻处罚。对于被告人李某的辩护人提出的李某行为本身是正当防卫，只是由于没有积极救治被害人导致李某承担间接故意伤害的法律后果的辩护意见，经查：正当防卫成立的要件之一即防卫行为的直接目的是制止不法侵害，不法侵害被制止后不能继续实施防卫行为，而被告人李某持刀连续刺扎被害人张艳某要害部位胸部数刀，在被害人倒地后还对其进行殴打，故李某具有明显伤害他人的故意，其行为符合故意伤害罪的犯罪构成，辩护人的此项辩护意见不能成立，不予采纳。

二审法院认为，上诉人李某为制止正在进行的不法侵害而故意伤害不法侵害者的身体，其行为属于正当防卫，但其防卫明显超过必要限度，造成被害人死亡的重大损害后果，其行为构成故意伤害罪，依法应予减轻处罚。李某及其辩护人所提李某的行为属于防卫过当，原判对其量刑过重的上诉理由和辩护意见成立，予以采纳。

4. 评析意见

对于本案，一审法院与二审法院作出了不同的判决，一审法院认定被告人李某的行为不属于防卫过当，而二审法院则认定被告人李某的行为属于防卫过当。这两者的区别在很大程度上取决于对被害人张艳某的不法侵害终止时间的认定，因而涉及李某的行为是否属于事后防卫的问题。

在不法侵害终止以后，正当防卫的时间条件已经不复存在，因此一般不再发生正当防卫的问题。在刑法理论上，把不法侵害终止以后，对不法侵害者所实施的所谓防卫行为，称为事后防卫。事后防卫的行为人主观上不存在防卫意图，而是出于报复的心理。在客观上对先前的不法侵害者实施了报复侵害行为，造成了他人的不应有的损害。因此，事后防卫不是正当防卫，而是一种具有报复性质的犯罪行为。事后防卫可以分为以下情形：

（1）故意的事后防卫，其中又可以分为两种形式，第一种是没有正当防卫前提的事后防卫。这种事后防卫的特点是事前存在不法侵害，但在不法侵害正在进行时，行为人没有对不法侵害实行正当防卫，而是在不法侵害过去以后，才对不法侵害实行所谓的防卫。这是一种出于行为人的报复之心的事后补偿行为。第二种是具有正当防卫前提的事后防卫。在实行正当防卫的过程中，不法侵害人已经丧失了侵害能力或者中止了不法侵害，或者已经被制服，但防卫人仍不罢手，继续加害于不法侵害人。在这种情况下，正当防卫和事后防卫并存于同一个案件，因此更为复杂。

（2）因对事实认识错误而导致的事后防卫。在这种情况下，不法侵害已经过去，但由于防卫人对事实发生了错误的认识，以为不法侵害依然存在，而对其实行了所谓防卫。

在本案中，被告人李某在与他人发生争执后，为防对方报复，返回住所携带刀具防身，这是一种预防行为，其目的是为了防范自己的合法权益避免遭受不法侵害，在侵害发生之前作防范的准备。尽管携带管制刀具是违法的，但如果此后确有不法侵害发生，被告人使用它反击不法侵害，其行为及结果均表明其携带的刀具是为了抵御不法侵害。在这种情况下，就不能因为其携带管制刀具是违法的，而否认其行为的防卫性质。所以，本案被告人为预防不法侵害的发生携带刀具，不能阻却其在遭遇不法侵害时运用该刀具实施的防卫行为成立正当防卫。就本案而言，被告人李某在与王某发生冲突后，返回单位住处取刀并再次回到迪厅，但未主动伤害王某，可见其取刀的主观目的确实是为防范此后可能发生的不法侵害。被害人张艳某等人在王某的预谋和指使下，预先埋伏在李某返回住处的途中，对李某等人进行殴打，当即将孙某打倒在地，又殴打李某等人，张艳某等人的行为属于对公民身体健康所实施的不法侵害。对此不法侵害，李某当然有权实行正当防卫。对此，一审法院也没有否认。但一审法院又认为，防卫行为的直接目的是制止不法侵害，不法侵害被制止后继续实施防卫行为，而被告人李某持刀连续刺扎被害人张艳某要害胸部数刀，在被害人倒地后还对其进行殴打，因此不能成立防卫过当。从一审判决的这一裁判理由来看，是把被告人李某的行为认定为事后防卫，即在不法侵害终止以后的所谓防卫行为。这里涉及对被害人的不法侵害的终止时间的认定问题。根据1983年最高人民法院、最高人民检察院、公安部、国家安全部、司法部《关于人民警察执行职务中实行正当防卫的具体规定》第3条规定："遇有下列情形之一时，应当停止防卫行为：

（1）不法行为已经结束；

（2）不法侵害行为确已自动中止；

（3）不法侵害已经被制服，或者已经丧失侵害能力。

这一规定对于判断不法侵害是否终止，区分正当防卫与事后防卫具有参考意义。在本案中，不存在不法侵害已经终止的情形。因为不法侵害已经终止是指在防卫之前存在不法侵害，但当防卫行为开始实施时，已经不存在不法侵害。本案中在防卫行为开始时，不法侵害仍然存在。此外，本案中也不存在不法侵害行为确已自动中止的情形。因为不法侵害确已自动中止，是不法侵害人自动停止了侵害行为，因而构成犯罪中止。这里的中止是指发生在防卫行为实施之前，因而不存在正当防卫的前提。对于本案来说，关键是是否存在不法侵害已经被制止，或者已经丧失侵害能力的情形。我们应该看到，本案是多个不法侵害人和数个正当防卫人的复杂案件，对于不法侵害是否已经被制止，或者已经丧失侵害能力都应当全案分析，而不是一对一地简单判断。本案被告人李某在对被害人张艳某实行防卫时，张艳某正在对其实施不法侵害行为，其另外两名同伙又分别在殴打李某的同事张某和王某，不法侵害正在进行，张艳某所受致命伤为刀伤，形成于李某进行防卫的过程中。因此，不存在不法侵害被制止，或者已经丧失侵害能力的情形。当然，张艳某在对李某实施不法侵害时，并没有持凶器，而是徒手进行，李某却持刀对张艳某连刺数刀，并在张艳某停止侵害且身受重伤的情况下，继续追赶并踢打张艳某的事实是存在的。对于这一事实，一审判决认定本案属于事后防卫的事实根据，而二审判决则认为致命刀伤形成于前，事后的追赶并踢打被害人张艳某只是认定防卫过当的事实根据。对此认定，笔者认为是实事求是的。被告人李某受到张艳某的不法侵害，进行追赶也是其气愤所致。当然，如果致命伤发生在不法侵害人落败逃跑以后，其行为不能认定为正当防卫及防卫过当，而是一种事后防卫。

希望读者通过以上的了解可以消去对正当防卫的错误理解，并当生命财产遇到威胁时可以正确运用正当防卫。

第二节　慎用"私了"

在遭遇人身伤害后，不少人经过协商，采用签订私了协议的方式解决纠纷，通常是写明侵权人赔偿一定数额的赔偿金给受害人，受害人不能再追究侵权人的其他责任，双方纠纷一次性了结。私了协议是否具有法律效力？能否真正了事？能否撤销？近日，中国消费者报报道了在北京市海淀区人民法院审理的三起类似案件，并予以解答。

案例一：

2010年1月，北京市的程女士乘坐公交车外出。下车时，公交车车门突然失控自动关闭，夹住了程女士，导致她双手和肩部红肿、淤血。事后，程女士共花去医疗费3000余元，公交公司赔偿了900元。今年2月，程女士将公交公司诉至海淀区法院，要求其支付剩余的医疗费、交通费、营养费共计3000余元。

庭审中，公交公司辩称，程女士在2010年1月至4月期间多次向公交公司反映自己被夹受伤一事，但经公交公司向有关司机核实，并没有出现程女士描述的情况。公交公司出于人道主义考虑，在派出所民警的见证下，与程女士达成协议，公交公司一次性赔偿900元，了结此事。

法院审理认为，程女士称乘坐公交车下车时被车门夹伤，公交公司予以否认。事后，双方签订了协议，约定一次性给付程女士900元，并写明"此事了结，今后互不再找"，且程女士收钱后也在收据中写明"此事已结"。现在程女士要求另行赔偿，但之前的协议不存在依法应被撤销、变更、无效或解除的情况。今年5月，海淀区法院一审驳回了程女士的诉讼请求。该判决随后生效。

法官表示，《合同法》规定，依法成立的合同，对当事人具有法律约束力。当事人应当按照约定履行义务，不得擅自变更或者解除合同。本案中，程女士与公交公司达成的协议合法有效，并且已经履行完毕。程女士要求公交公司另行赔偿，并没有举证证明该协议存在《合同法》第五十二条和第九十四条规定的合同可以被撤销和解除的情况，也没有举证证明该协议需要变更的情况，因此该协议有效，程女士的请求不能成立。

案例二：

2010年11月，王先生与李先生因停车问题发生肢体冲突，导致李先生踝关节双侧骨折、头部外伤、多处软组织挫伤。李先生住院治疗多日，医院鉴定其为轻伤。事后，经公安机关调解，王先生的母亲刘女士和李先生的妻子达成赔偿协议："王先生无条件支付李先生30万元，已支付15万元，余款15万元应于2011年5月前分3次付清……王先生如有违反，李先生可以向法院起诉。该协议为最终调解结果，李先生不要求公安机关追究王先生的刑事责任。"然而，刘女士在支付了15万元后，没有支付剩余的15万元。今年6月，李先生将王先生和其母刘女士诉至海淀区法院，要求对方支付剩余15万元及利息。

王先生辩称，李先生是自己倒地受的伤，当时治疗费只花了3万多元，但李先生以追究刑责相威胁，自己的母亲害怕，才同意李先生的赔偿要求，此举显失公平。王先生要求变更协议，不同意支付剩余的15万元。刘女士则认为自己只是王先生的代理人，责任应由王先生承担。

法院审理认为，王先生母亲刘女士与李先生的妻子签订的协议是双方当事人的真实意思表示，没有违反法律、行政法规的强制性规定，协议合法有效，双方都应遵守履行。刘女士在公安机关的见证下，代王先生签订协议，王先生在庭审中也认可，该协议对王先生具有约束力，刘女士虽不是侵权人，但在协议上签字，视为自愿与王先生共同承担责任。王先生称该协议是受胁迫订立显失公平，要求变更协议，没有提供证据，法院不采信其意见。今年6月，海淀区法院一审判令王先生、刘女士共同支付李先生15万元和利息。该判决随后生效。

法官表示，本案中，王先生称协议是受胁迫而订立显失公平，并没有向法院举证证明。因此，法院没有撤销该协议，认为王先生的母亲刘女士与李先生的妻子签订的协议合法有效。此外，家属代侵权人签订私了协议，可视为对该协议的保证，应与当事人承担连带责任。

案例三：

2010年7月，周先生在大排档就餐时与人发生纠纷，被王先生用酒瓶砸伤左手，并送医院治疗。第二天，在派出所民警调解下，两人达成协议："王先生赔偿周先生医药费600元，此调解为一次性调解，周先生以后不为此事找对方麻烦。"一个月后，周先生被医院检查发现被砸伤的左手当时已经骨折，住院治疗花去医疗费1万余元，并休养了几个月。因此后协商赔偿未果，今年3月，周先生将王先生诉至海淀区法院。王先生辩称，对周先生受伤的事情，双方已经公安机关调解，周先生也认可，自己不应再支付其多花费用。

法院审理后认为，行为人因过错侵害他人民事权益，应当承担侵权责任。王先生将周先生的左手砸伤，应当承担责任。虽然双方在公安机关主持下达成协议，王先生已赔偿周先生经济损失600元，但一个月后，周先生被诊断出骨折与王先生的侵权行为存在因果关系，因此，王先生仍应赔偿周先生后继发生的医疗费等损失。今年9月，海淀区法院一审判令王先生赔偿周先生1万余元。该判决随后生效。

法官表示，本案中，王先生与周先生签订的协议合法有效，但协议签订后，周先生发现骨折，并花费了远远高出赔偿的医疗费，又造成其他误工费等损失，如果维持双方协议中赔偿数额，就对周先生显失公平，该协议依法可以撤销。因此，法院判令王先生赔偿周先生医疗费、误工费等损失。

由上述3起案例可以看出，私了协议一般为有效，双方不能反悔，侵权方不能赔偿少于私了协议的赔偿金，受害方也不能撕毁协议要求侵权方多赔偿。但如有证据证明订立私了协议时存在重大误解、显失公平，或一方以欺诈、胁迫的手段乘人之危，使自己在违背真实意思的情况下订立私了协议的情况时，可要求撤销协议。

法官的提示告诉对"私了"存在误解的人们慎用"私了"，多采取法律措施来解决各类纠纷事件，以便更好地保障自己的合法权益。

第三节　网络犯罪同样违法

一、未成年人网络犯罪的基本状况

未成年人网络犯罪主要是指18周岁以下公民借助于网络工具在互联网上所实施的网上或网外的严重危害社会秩序的犯罪行为。2004年是我国未成年人犯罪的转折点，这一年，电脑开始大量进入普通家庭，网吧也如雨后春笋般涌现，上网成为未成年人的时尚潮流。据中国互联网络信息中心（CNN－IC）发布的数据，截至2011年6月，中国网民规模达到4.85亿，其中10－18岁的未成年人网民占网民总体的35.2%，成为中国互联网最大的用户群体，而其中不少未成年人铤而走险，陷入了犯罪的泥沼。北京市海淀区检察院在2009年公布了一组数据，在他们承办的未成年人犯罪案件中，

79.2%以上的未成年人犯罪与接触网络不良信息有关，而网吧几乎成为了"90后"犯罪团伙的聚集地和犯罪行为的高发地，许多未成年人都在网吧内结识其同伙。在传统类型的未成年人犯罪案件平稳下降的情况下，网络引发或利用网络科技手段作案的未成年人犯罪案件巨幅攀升，这不能不引发我们的警惕。

二、未成年人网络犯罪案件的特点

据来自一线办案部门的材料显示，未成年人网络犯罪除了具备未成年人犯罪的传统特点之外，其犯罪特征也开始出现质变。具体表现为以下几个特征：

（一）侵财型案件高发

随着网购和电子商务兴起，侵财犯罪的嫌疑人已经转移到计算机上，主要利用计算机、网络技术等手段实施。当下，利用计算机盗窃十分猖獗，使用互联网的网上诈骗、网上敲诈勒索和非法传销等屡禁不止。此类案件规模不大，涉案数额也较小，人身危险性不大。但不容忽视的是，此类犯罪在未成年人群体中有增长的趋势。

（二）危害网络安全案件陡增

未成年人以"黑客"身份或制造和利用病毒的非法入侵也越演越烈。2011年中国警方共查处此类犯罪案件700余起，与2010年相比增幅高达39%。他们以"黑客"身份入侵计算机网络系统，盗取军事秘密、个人隐私、商业秘密。据有关统计，2011年上半年，我国遇到过病毒或木马攻击的网民达到2.17亿人，比例为44.7%；有过账号或密码被盗经历的网民达到1.21亿人，占24.9%，较2010年增加3.1个百分点，有7.9%的网民在网上遇到过消费欺诈，该群体网民规模达到3670万。特别是"熊猫烧香"等恶性病毒在我国大面积传播，造成一些政府机构、教育科研单位等行业的网络通信阻塞，甚至出现服务器瘫痪。

（三）暴力侵权型案件占绝大多数

未成年人都年少轻狂，更容易聚伙在网络上群体攻坚，然后演变到上网大打口水战、下网群殴械斗，自我发泄、哥们义气、寻衅滋事。利用网络进行人身攻击、诽谤等行为，容易引发暴力行为，导致侵犯公民人身权利的案件大幅攀升。2011 年浙江警方共立案查处此类案件 186 起，其中刑事案件 11 起，违法案件 175 起，比 2010年增长 3 倍多。另外，由涉及网络的诈骗、杀人等各类案件己屡见报端并呈上升趋势。

（四）色情、侵犯隐私案件凸显

网络上充斥着各种良莠不齐的信息，直接影响未成年人的人生价值取向，使他们从受害者转变为加害者。他们有的在网络上提供、散布卖淫信息，把这些信息提供给不特定第三人进行性交易，或者从事卖淫活动；有的对女性实施语言性骚扰；有的通过人肉搜索渠道，传播有害信息，泄露个人隐私，到处浏览转载不良网络信息，造成受众多、影响大的严重后果。

在未成年人网络犯罪之中，在校学生占有相当比例。其中学生通过黑客入侵手段和网游诈骗现象较为普遍，然而又有很多学生并不认为自己在虚拟游戏里的诈骗行为已经触碰到了法律的底线。下面我们将通过以下两个例子为他家详细解析：

案例一

2003 年 4 月，内蒙古包头市的任刚以上网为由，让其父购买了一台电脑，并在铁通公司开设了一条宽带，增设了一部上网电话，接着又在网上公布了两个个人账户，后又利用 QQ 号与全国各地游戏爱好者联系，并自称天使数码软件公司编制了某游戏的外挂程序，用此外挂可在某游戏中复制装备及物品，先后骗得全国各地游戏爱好者汇款 181 笔,共计人民币 65 889. 30 元。案发后追回赃款 49 000 元。公诉机关指控任刚利用互联网发布虚假信息,诈骗全国各地游戏爱好者财物 65 889. 30 元,数额巨大,行为已构成诈骗罪。

但是当记者采访被告时,他却说:"我在网上所贩卖的游戏装备和外挂是真实存在的,并没有欺骗游戏玩家,他认为自己并没在互联网上发布虚假信息,对用户进行欺骗。如果由于网络服务器不稳定,游戏玩家购到的外挂得不到正常操作,他愿意退款。他当时只是觉得好玩,并不知道自己已经违法。"

最后法院裁定,公诉机关指控被告人任刚利用互联网发布虚假信息,诈骗全国各地游戏爱好者财物 65889. 30 元,数额巨大,行为已构成诈骗罪,判处其有期徒刊 5 年,并处罚金 1 万元。任刚认为自己无罪的说法没有被法庭采纳。

案例二

法制日报报道了这样一起案件:一个 80 后大学生玩"天龙八部"网络游戏找人代练升级,却一步步掉进只有初中文化的 90 后骗子设计的陷阱,一夜之间被骗去 1 万多元。

江西崇仁籍 80 后男子陈某,大学文化,平日酷爱玩网络游戏。

今年 4 月 9 日晚,陈某在玩"天龙八部"电信一区王者归来的游戏时,觉得游戏练级太慢且很累,就想找个代练帮他将游戏中的角色升级并包部分装备。陈某看见游戏中发布有代练人的 QQ(昵称"飞宇代练客服")联系广告,便将其加为 QQ 好友,并通过网上聊天,谈好以 650 元的价格把自己的游戏角色从 50 级升到 102 级,并赠送 70 暗器和合 5 武魂、95 龙宝宝、102 神器。

当晚 9 时许,陈某便从自己已开通的网上银行建行卡账户内汇了 650 元到"飞宇代练客服"指定的建行账户上。随后,陈某通过

QQ 联系"飞宇代练客服",告知其已汇款。"飞宇代练客服"回复说,陈某的 650 元汇款因没有零头,导致系统无法登账,必须要在同一网上银行汇入双倍零头即 1302 元进去,才能激活登账,然后再将多汇的钱退回。

陈某信以为真,当晚 9 时 20 分许,即通过网银账户汇了 1302 元过去。之后,"飞宇代练客服"对陈某说,已叫财务部经理查账去了。

不久,一个自称财务部经理的人给陈某打来电话,称必须办一个网络交易卡,刚才汇的 1302 元才会退回去,但办交易卡还得付 1412 元钱,只有这样,才能查核到前两次汇付的 1952 元账款。

随即,陈某又从自己的网银卡上汇了 1412 元过去,并联系"飞宇代练客服"。不一会,"飞宇代练客服"就确认收到陈某汇的 3364 元款,然后给陈某办理了一个网络交易卡,并答复马上办理退回多汇的 2714 元。

当晚 10 时许,"飞宇代练客服"回复陈某,称系统退款没有成功,要每笔退款达到 5000 元以上才能受理。若要退 2714 元钱,就必须再汇 2300 元,满 5000 元钱后再一并退回。

约一刻钟后,陈某又向其原指定的建行账户汇去了 2702 元钱。"飞宇代练客服"回复称,刚才汇的 2702 元不符合自动退款程序,只有汇 2302 元才能自动退款。对方表示,2702 元汇款会被系统自动冻结,若要退回,必须汇双倍的钱即 5404 元才能自动退回。

随后,陈某因网银卡上没有足够的钱,就只汇了 2302 元钱。然而,"飞宇代练客服"查账之后又对陈某说,这种方法不行,并借口马上要下班,等电话联系。

当晚 11 时许,一个自称"王经理"的人拨通了陈某的电话,说由他来负责处理退款事宜,但称现在不当班,要几小时后才开始工作。

次日凌晨2时许，"王经理"给陈某打电话称，需再汇2520元就能退回被冻结的5000元钱。于是，陈某在早上8时45分许，再次汇入2520元到其重新指定的一个农行账户内，并电话联系"王经理"确认汇款。这次，"王经理"又说没汇零头钱又被冻结了，要想解决这个问题，必须再汇5040元才能退回全部金额。

此时，因陈某卡上已没有了钱，便没有再汇。不久，"王经理"又用另外一个手机号打通陈某电话称，已给陈某想了个办法，要陈某再汇2500元即可办理退款，同时发来一条另行指定的收款银行账户短信。

至此，陈某才如梦方醒，发现自己已上当，但卡上的钱已被骗光，造成经济损失10888元，于是向公安机关报案。

5月18日，警方在广东省湛江市坡头区乾塘镇将犯罪嫌疑人郑某抓捕归案。经查实，郑某于1992年10月出生于广东省湛江市，初中文化，无业，系湛江市坡头区乾塘镇青山中村村民。

在接受警方审讯时，郑某对自己假冒"飞宇代练客服"诈骗他人钱财10888元的犯罪事实供认不讳。郑某同时交代，所谓的"飞宇代练客服"、"财务部经理"和"王经理"，均是他使用几个不同的电话号码一人假冒扮演，目的是为避免陈某生疑，所骗得款均被其购物及吃喝消费了。案发后，被告人郑某亲属代郑某向被害人陈某退还了全部赃款10888元。

江西省崇仁县人民法院宣判了这起利用互联网网游进行诈骗的案件。一审法院经审理认为，被告人郑某以非法占有为目的，多次骗取他人钱财共计10888元，数额较大，其行为已构成诈骗罪。公诉机关指控的犯罪事实与罪名成立。被告人郑某认罪态度较好，系初犯，且案发后能积极退赃，依法酌情从轻处罚。判处其有期徒刑6

个月，并处罚金 3000 元。

此时郑某才幡然醒悟自己已经触犯了国家法律，但是对于很多人来说特别是未成年人，对新鲜事物还十分好奇，他们大多喜欢玩网络游戏，但却很少有人知道这种行为是违法的。不仅如此，可能有些人早已再游戏里通过一些骗术骗取了其他玩家的虚拟或现实财产，希望青少年朋友切勿抱着侥幸心理，以免日后无法自拔走上违法犯罪道路。

第八讲　未成年人的家庭保护

第一节　认识家庭保护

一、家庭及其社会功能

家庭是指建立在婚姻、血缘或收养关系基础之上的，以共同居住、共同生活为特征的人口群体或社会组织形式。家庭，是社会综合系统的基本组成单位，也是人类生活中最基本、最重要的制度。

家庭是以婚姻关系为基础，以血缘关系或收养关系为纽带而形成的社会组织，这就决定了家庭作为社会综合系统的基本组成单位，从其产生起就担负着不同于其他社会组织的社会功能。对于家庭的社会功能，学者有不同的认识，而且，随着社会的发展和变迁，家庭的社会功能也在发生着变化，但是作为家庭本原功能的生育功能、养育和教育功能、抚养和赡养功能等却始终未发生根本变化，一直是家庭的主要功能。

家庭是每一个未成年人个人生活的起点，也是未成年人个体社会化的最初始的场所。对于未成年人来讲，家庭最重要的功能就是生育、抚养、教育和保护。

家庭的生育功能：生儿育女，繁衍后代，是人类种族得以保存和延续的重要前提。从人类进入个体婚制以来，家庭一直是一个生育单位，承担着人口再生产和种族延续的责任。

家庭的抚养功能：作为人口再生产和种族绵续的延伸，家庭还必然承担着未成年人的抚养责任。人类生命个体诞生之初，幼小脆弱，其生存需要父母或其他家庭成员的哺育、照料、关心和爱护，其长大成人需要父母和家庭的物质支持和精神抚慰。

家庭的教育功能：人具有生物属性和社会属性双重特点。人生之初，只是一个生物性的人，需要在成长的过程中不断学习、不断社会化，才能成为一个了解和掌握各种社会知识和生存技能，懂得和尊重各种社会规范和行为准则，具有社会所接受的道德和价值情操的社会化的人。而家庭是人出生后接触的第一个社会化的场所，父母是孩子的第一任老师。在未成年人社会化的过程中，父母和家庭的教育具有至关重要的作用。

家庭的保护功能：未成年人是一个特殊的群体，身心比较脆弱，依赖性强，自我保护能力弱，容易受到各种自然因素和社会因素的侵害，其生命、健康、生存、发展都需要给予特别的保护。关心爱护未成年人是世界各民族的优秀传统，也是家庭重要的职责。

家庭各项社会功能的正常发挥，是保障未成年人健康成长、维护未成年人合法权益的重要前提。

二、未成年人的家庭保护及其意义

未成年人的家庭保护，是指是以家庭为主体对未成年人的身心健康和合法权益进行的保护。我国《未成年人保护法》第二章对家庭保护作了专门规定。生育、抚养、教育和保护未成年人既是家庭的本原功能和天然责任，也是家庭的法定义务和法律责任。

将家庭保护未成年人的天然责任通过法律规定转化为法定责任，对于保护促进未成年人健康成长，维护未成年人合法权益具有重要意义。

（一）确定家庭保护未成年人的责任，可以有效预防和避免未成年人受到来自家庭内部的侵害。

抚养、教育、保护未成年人是家庭的本原功能和天然责任，大多数家庭能够自觉地承担和履行这种天赋职责，但是也有一些家庭因为各种原因不能有效履行自己的职责，甚至扮演着侵害未成年人身心健康和合法权益的角色。一些父母将未成年人视为自己的私有财产，对未成年人动辄打骂、体罚；更有一些父母或其他监护人将未成年人视为累赘、包袱，虐待、遗弃未成年人；还有一些父母将未成年人视为自己挣钱的工具，不让未成年人上学、迫使未成年人辍学打工、强迫未成年人乞讨或进行营业性演出或者为未成年人订立婚约、强迫未成年人结婚。这样的家庭，不但没有很好地履行对未成年人的抚养、教育、保护的责任，还以自己的行为侵害了未成年人的合法权益和身心健康。可见，来自家庭内部的侵害是不容忽视的一种社会现象。通过法律确定家庭对未成年人保护的责任，将家庭抚养、教育、保护未成年人的本原功能和天然责任转化为法定义务和法律责任，为家庭和父母提供抚养、教育、保护未成年人的行为指引，可以提高家庭保护意识，有效预防和避免未成年人受到来自家庭内部的侵害。

（二）确定家庭保护未成年人的责任，可以促进家庭教育，改善家庭环境，预防和制止未成年人的不良行为和违法犯罪行为。

现代社会，家庭教育与学校教育、社会教育并列为教育的三个重要支柱，家庭教育对未成年人的影响具有终身性和潜移默化的特

点。然而，一些父母在未成年人教育中存在着观念误区，认为教育
是学校和社会的事情，家庭只需满足孩子的物质需求，只养不教，
或者过分注重孩子的物质生活满足，忽视以健康的思想、品行教育
引导未成年人；一些父母信奉不打不成才、棍棒出孝子，教育方法
简单粗暴；一些家长本身具有不良行为甚至违法犯罪行为，自觉或
不自觉地向孩子灌输不良观念和行为。种种不良的家庭教育观念和
家庭教育方式，对未成年人的健康成长产生消极的不良影响。因此，
通过法律规定父母或监护人应当以健康的思想、品行和适当的方法
教育和影响未成年人，引导未成年人进行有益身心健康的活动，对
预防未成年人的不良行为、违法行为、犯罪行为具有积极意义。

（三）确定家庭保护未成年人的责任，可以有效预防和制止未成
年人受到社会不良环境、不良行为的侵害。

维护未成年人的身心健康和合法权益社会是复杂的，不可避免
地存在一些不利于未成年人健康成长的环境，甚至针对未成年人的
违法犯罪行为。黄色书刊、色情影视、暴力游戏、毒品交易、贪污
腐败等不良文化环境充斥社会，非法雇用童工、操纵儿童乞讨、卖
淫、拐卖、拐骗、绑架儿童、猥亵、奸淫幼女等以未成年人为侵害
对象的违法犯罪行为时有发生，未成年人认识能力、辨别能力、自
我保护能力和行为的控制能力较差，难免受到不良环境的诱惑走上
违法犯罪的道路，或者成为违法犯罪者的侵害目标。家庭负有保护
未成年人不受来自社会侵害的责任。将家庭的保护责任法律化，可
以提高家庭的防范意识，有效地预防和制止未成年人受到来自社会
的侵害，维护未成年人的合法权益和健康成长。

第二节 家庭保护主要内容

家庭对未成年人保护的主要方式是履行抚养义务和监护职责，进行适当的家庭教育，具体分为以下几个方面：

一、抚养

我国《婚姻法》第二十一条规定，"父母对子女有抚养教育的义务；子女对父母有赡养扶助的义务。父母不履行抚养义务时，未成年的或不能独立生活的子女，有要求父母付给抚养费的权利。子女不履行赡养义务时，无劳动能力的或生活困难的父母，有要求子女付给赡养费的权利。禁止溺婴、弃婴和其他残害婴儿的行为。"婚姻法规定，以国家法律的形式确定了父母对未成年子女的抚养义务。我国《未成年人保护法》第十条再次重申了父母或其他监护人对未成年人的抚养义务，规定："父母或者其他监护人应当创造良好、和睦的家庭环境，依法履行对未成年人的监护职责和抚养义务。禁止对未成年人实施家庭暴力，禁止虐待、遗弃未成年人，禁止溺婴和其他残害婴儿的行为，不得歧视女性未成年人或者有残疾的未成年人。"根据上述法律规定，父母对未成年人负有抚养的义务，即父母应当从物质上对未成年人进行养育和照料。抚养是父母的法定义务，接受父母的抚养是未成年人的权利。父母不履行抚养义务时，未成年子女，可以要求父母给付包括生活费、教育费和医疗费在内的抚养费。父母离婚不能免除其对子女抚养的权利和义务。离婚后，父母对未成年子女仍有抚养和教育的权利和义务，如果子女由父母一方抚养，另一方应负担必要的生活费和教育费的一部分或全部。非婚生子女享有与婚生子女同等的权利，任何人不得加以危害和歧视。不直接抚养非婚生子女的生父或生母，应当负担子女的生活费和教育费，直至子女能独立生活为止。我国法律中关于父母子女之间权利义务的规定，适用于养父母与养子女、继父母与形成抚养关系的继子女。

基于父母对未成年子女的抚养义务，父母不得虐待、遗弃未成年人，不得歧视女性未成年人或者有残疾的未成年人。禁止溺婴、弃婴；不得以任何方式对未成年人实施暴力，不得允许或迫使未成年人结婚或者为未成年人订立婚约（《未成年人保护法》第十五条）。

二、监护

为了维护未成年人的合法权益，我国《民法通则》规定了未成年人监护制度。所谓未成年人监护制度，就是指法律规定的对未成年人的人身、财产和其他合法权益进行监督和保护的制度。履行监督和保护职责的人，称为监护人；被监督、保护的未成年人，称为被监护人。监护人的职责是：保护被监护人的身体健康，照顾被监护人的生活，管理和保护被监护人的财产，代理被监护人进行民事活动，对被监护人进行管理和教育，在被监护人合法权益受到侵害或者与人发生争议时，代理其进行诉讼，承担被监护人致人损害的责任。未成年人的监护人通常是与未成年人共同生活的年长家庭成员。首先是其父母，《未成年人保护法》第十六条规定："父母因外出务工或者其他原因不能履行对未成年人监护职责的，应当委托有监护能力的其他成年人代为监护。"如果未成年人的父母已经死亡或者没有监护能力的，由有监护能力的祖父母、外祖父母、兄、姐担任监护人。其次，由关系密切的其他亲属、朋友担任未成年人的监护人，但需经未成年人的父母的所在单位或者未成年人住所地的居民委员会、村民委员会同意。

监护人应当履行照顾、保护、教育、管理未成年人的监护职责，不履行监护职责或者侵害未成年人合法权益的，应当承担相应的民事责任，严重的还可能构成犯罪，受到刑事制裁。监护人不履行监护职责，或者侵害了被监护人的合法权益，其他有监护资格的人或者单位可以向人民法院起诉，要求监护人承担民事责任或者要求变更监护关系或者在要求监护人承担民事责任的同时要求变更监护关系。

三、家庭教育

父母或者其他监护人应当尊重未成年人受教育的权利，必须使适龄未成年人依法入学接受并完成义务教育，不得使接受义务教育的未成年人辍学。（《未成年人保护法》第十三条）然而，教育也是监护人的职责之一，而且家庭教育是现代社会中的三大教育形式之一，在未成年人的成长过程中具有重要的意义，因此，也成为家庭保护中具有特殊意义的内容。

家庭教育，是指父母或其他监护人、其他家庭成员在日常家庭生活中对未成年人实施的有目的的教育和潜移默化的影响以及家庭成员之间的相互教育和影响。我国《未成年人保护法》第十一条规定："父母或者其他监护人应当关注未成年人的生理、心理状况和行为习惯，以健康的思想、良好的品行和适当的方法教育和影响未成年人，引导未成年人进行有益身心健康的活动，预防和制止未成年人吸烟、酗酒、流浪、沉迷网络以及赌博、吸毒、卖淫等行为。"一些地方性未成年人保护条例或者未成年人保护法实施办法也对家庭保护作了规定。

1. 家庭教育的意义

家庭教育具有启蒙性、基础性、终身性的特点。家庭是人出生后接触的第一个社会环境，也是人进行社会化的第一个场所，在这里孩子咿呀学语，在这里孩子初识社会，在这里孩子长大成人。一个人的兴趣爱好、品德修养、审美情趣、责任意识、人生观、价值观、自然观、道德观等重要的心理品质和人格特征往往是在家庭的影响下逐步形成的，而孩子在家庭里所习得的关于生活的知识、经验、态度和技能对其一生都有着潜移默化的影响。曾经有人说过，"撬动地球的手，就是推动摇篮的手"，深刻地道出了父母教育特别是母爱的重要性。好的家庭教育使孩子终身受益，坏的家庭教育则会毁了孩子一生。

21世纪是知识经济时代，也是人才素质竞争的时代。人才素质高低，不但决定着个人的发展，也决定着国家在国际竞争中的地位。培养高素质人才，最有效的途径就是教育，而家庭教育更具有举足轻重的作用。

2. 家庭教育的内容

家庭教育应该与学校教育、社会教育相互配合又有所分工和侧重，不能成为学校教育和社会教育的简单重复。家庭教育的内容应与家庭的抚养、教育、保护功能以及家庭成员共同生活的特点相结合，侧重对孩子的综合素质与能力的培养，包括身体、品德、人格和能力4个方面。首先，家长应关心未成年人的成长，关心未成年人的身体健康和心理健康，对未成年人进行青春期教育和行为指导，引导孩子从事有益身心健康的活动，让孩子有一个健康的身体和人格。其次，家长在关注孩子智力开发、培养孩子智商的同时，更应该关注孩子的品德和能力培养，用健康的思想、品行教育、影响孩子，使孩子养成高雅的审美情趣、坚强的意志品质，树立正确的人生观、价值观、自然观、道德观，形成良好的行为习惯，具有爱心、同情心，具备独立的处理事务的能力。最后，父母或者其他监护人还应当关注未成年人的思想和行为变化，预防和制止未成年人吸烟、酗酒、流浪、接触不良文化产品以及聚赌、吸毒、卖淫等不良行为或者违法犯罪行为。总之，家庭教育在内容上应坚持全面发展，德育优先原则，家庭应更多地承担孩子品行教育、人格教育的责任，将培养孩子的良好品行、健康人格放在第一位。

3. 家庭教育的方法

教育是一门科学，是一门艺术。生活中，并不是每一双父母、每一个家庭都能够掌握正确的家庭教育方法。家庭教育要取得好的效果，需坚持几个基本原则：在观念上坚持尊重、平等、信任、儿童利益优先原则，即将孩子作为一个独立个体，尊重孩子的人格，平等相待，信任为上，一切为了儿童的利益。在教育方法上，坚持沟通、交流、以爱育爱、言传身教原则，即家长应该多与孩子进行沟通交流，了解孩子的生理、心理变化、了解孩子的需求和所思所想，了解孩子的快乐和痛苦、焦虑，用关心和爱心去帮助孩子、教育孩子，用自己的行为潜移默化影响孩子。父母或者其他监护人应当根据未成年人的年龄和智力发展状况，在作出与未成年人权益有关的决定时告知其本人，并听取他们的意见（《未成年人保护法》第十四条）。动辄打骂和过度保护、过分干涉都是不可取的，生活中已经有很多因父母教育方法不当而发生的悲剧。

4. 家庭文化与家庭教育环境

家庭教育既是父母有意识的活动，也是一个潜移默化的过程，是在家庭成员共同生活中完成的，因此，家庭文化和家庭教育环境也是家庭教育能否成功开展的重要决定因素。家庭文化是指有家庭成员在共同生活中形成的共同信念、伦理道德观念、审美情趣、言谈举止、待人接物、生活方式、家庭成员之间的关系、家庭文化活动等整体家庭氛围。一般认为高尚和积极的家庭文化，有助于提高家庭成员的文化水平，有助于增加家庭的凝聚力和家庭成员的内部的团结。建设良好的家庭文化，可以使家庭成员感到心情愉快、幸福、舒畅，也对家庭成员的言行产生一定的制约力。

家庭文化是家庭教育环境的重要组成部分，家庭的教育环境还包括家庭的经济状况、家庭成员的知识水平、教育能力和家庭的结构等影响家庭教育开展的因素。良好的家庭教育环境对于健康培养未成年人具有重要的意义。

当前，我国家庭教育环境不容乐观。家庭结构方面，由于我国计划生育政策的推行，一对夫妻只生一个孩子的独生子女家庭越来越多，"四二一"的家庭结构成为主流模式。一些家庭，经常是六个大人围绕一个孩子转，但祖父母、外祖父母与父母在教育孩子的观念上、方法上存在不同，父母要求严格，祖父母、外祖父母溺爱，孩子在这种教育环境下，通常早早会察言观色，利用大人之间的矛盾，将祖父母、外祖父母当成自己的保护伞，对抗父母的严格要求甚至撒谎等不良的行为习惯。家庭教育能力方面，一些贫困家庭、单亲家庭、离异家庭、重新组合家庭，在家庭教育中难免存在着经济方面的困难或者角色缺失、放任自流甚至用包袱、不公平等现象，影响孩子正确的思想、道德、责任观念和意识的形成。家长素质方面，个别家长自身素质不高，存在一些不良生活或行为习惯，消极、灰色的道德、法律、权力意识，甚至违法、犯罪的意识或行为，对孩子产生负面影响，严重影响了未成年人的健康成长。

5. 家庭教育的改善

我国家庭教育中存在的问题，确实值得反思。然而，家长不是教育专家，在家庭教育中存在一些问题在所难免。关键是我们怎样做才能改变我国家庭教育的现状，提高家庭教育的效果，让家庭教育真正发挥其支柱作用。一些地方政府已经认识到家庭教育的重要性，启动了家庭教育工程或者开办了家庭教育网站或者定期、不定期开办家长学校，组织教育专家向家长传授先进的家庭教育理念和正确的家庭教育方法，对家庭教育的开展发挥了积极的推动作用。我国《未成年人保护法》第十二条规定，"有关国家机关和社会组织应当为未成年人的父母或者其他监护人提供家庭教育指导"。提高教育者素质，是构建和谐的家庭关系，改善家庭教育现状、提高家庭教育效果、发挥家庭教育支柱作用的重要手段和途径。

第九讲　未成年人的学校保护

第一节　认识学校保护

一、学校及学校保护

学校是国家或者企业事业组织、社会团体、其他社会组织及公民个人依法举办的专门的教育机构。学校的主要任务就是传授各种科学、文化和社会知识、生产、生活技能，传达各种先进的思想、道德和观念，对受教育者进行社会化，以帮助受教育者获得进入社会必备的生存能力。在现代社会，知识领域越来越宽广，知识结构越来越复杂，知识的专业性越来越细密，人们也越来越多地依赖专业的教育机构才能获取各种必须的知识和技能，学校对于人们特别是未成年人的影响也越来越重要。学校是未成年人学习知识、掌握本领、获取生存技能的最主要的场所，未成年人的大部分时间是在学校中度过。因此，保护未成年人身心健康和合法权益不能忽略了学校这个重要场所和阵地。我国《未成年人保护法》第三章专门规定了学校保护，一些地方性未成年人保护条例也规定了学校保护。

根据《未成年人保护法》规定的精神，学校保护是指幼儿园、学校以及其他教育机构在自己的职责范围内，依法对未成年人进行教育并在实施教育和管理中促进其身心健康，维护其合法权益。这里的学校包括依法设立的普通中、小学校，各种中等职业技术教育学校，特殊教育学校，工读学校以及各种招收未成年人的文艺、体育学校等，还包括一些举办少年班，对具有特殊天赋的未成年人进行高等教育的高等学校，此外，幼儿园对儿童所实施的教育属于学前教育，与学校教育有着密切的联系。因此，《未成年人保护法》将幼儿园也纳入学校教育的范畴。

二、学校保护的特点及其意义

（一）学校保护的特点

学校是依法设立的专门教育机构，其设立目的和主要活动就是施教。因此，学校与家庭或其他社会组织相比具有自身的特殊性，体现在：

1. 学校保护的主体是各级各类学校及其教职员工

学校作为专门的教育机构，其组织性、系统性非常强，有教职员工专职从事教育、管理和服务。因此，学校保护的主体呈现两个层次，一是学校作为一个社会组织进行的整体保护，二是教职员工进行的个别保护。学校的整体保护，体现在学校逐渐改善办学条件，建立优美和谐的校园环境，全面贯彻国家的教育方针，确立培养学生全面发展的教育目标，建立优良的校风、学风，创建健康向上的校园文化等各个方面，让未成年学生在和谐、安全的、适合他们身心健康的环境、氛围中学习、生活。但是，学校作为社会组织具有自身的特殊性，其教育方针、教学思想、保护理念必须通过教师及员工个体贯彻和体现，教职员工是学校教学活动的实施者，是学校与学生接触、沟通和交流的纽带，也是学校保护的具体实施者。因此，学校保护表现在两个方面，就是学校的整体性保护和教职员工的个体性保护。

2. 学校保护的对象主要是在学校学习、生活的未成年人

在学校学习、生活的未成年人，与所在学校存在着直接的教育与受教育、管理与被管理的关系，学校等机构一方面需要根据未成年人的年龄和生理、心理的发育特点向未成年人循序渐进地传授知识，进行技能培训，还要关心未成年人的生理、心理健康，关心未成年人青春期发展，维护未成年人的合法权益。由于我国教育事业发展的状况还不能保障每一个未成年人都能充分接受教育，现实生活中还存在着一些不能入学的适龄儿童和未完成国家规定的义务教育而辍学或失学的未成年人，学校作为专门的教育机构，负有与未成年人的父母或者其他监护人沟通并向教育主管行政部门反映情况，以维护未成年人受教育权的责任。因此，学校保护的对象也包括那些达到入学年龄但因各种原因未能入学的适龄儿童和那些失学、辍学的未成年人。

3. 学校保护的主要内容是教育性保护

学校是专门的教育机构，其主要社会职责就是向受教育者传授知识、技能和先进的观念。学校和教师通过正确的教育思想、端正的教学态度、适当的教学方法对未成年人施加教育和影响，传授给未成年人成为合格的社会成员所必备的知识、技能、人生观、世界观、道德观和法律观。在这个角度，正面教育本身就是一种保护。但是，未成年人毕竟是独立的个体，有着独立的思想、情感、个性和需求，享有法律规定的权利，在学校接受教育的过程中，未成年

人脱离了父母的监护而由学校承担起管理的责任，这就决定了学校在进行教育性保护时，还应该在适应未成年人的身心特点，对未成年人进行生活指导和青春期指导，注意保护未成年人的身心健康。在对未成年人进行教育和管理、服务或组织未成年人活动时，还应该尊重未成年人的人格尊严，维护未成年人的合法权益，包括生命健康权、名誉权、荣誉权、隐私权、姓名权、肖像权等。对未成年人进行预防犯罪的教育，保护未成年人免受违法犯罪行为的侵害或者走上违法犯罪的道路。

（二）学校保护的意义

首先，学校是未成年人获取知识和技能，进行社会化的主要场所。社会化是指自然人通过各种方式逐渐学习社会知识、技能与规范，熟悉社会的风俗、习惯、道德、法律，确立生活目标、价值观念和行为方式，取得社会化资格的教化过程。学校在现代社会已经成为未成年人学习科学、文化、社会知识和技能，学习社会的道德、法律规范和准则的主要场所。如果说家庭是未成年人出生后的第一个社会化场所，那么，未成年人进入学龄期后，学校则成为其社会化最重要的场所。学校通过有组织、有计划、有目的、具有系统性教学内容和连贯性、顺序性、渐进性的教学方法，专业性的教学队伍，形成了独特的优势，在未成年人教育性保护和社会化方面具有不可替代的作用。

其次，学校是对未成年人进行思想品德教育的场所，也是将未成年人培养成为社会主义事业建设者和接班人的重要阵地。我国《教育法》明确规定，"教育必须为社会主义现代化建设服务，必须与生产劳动相结合，培养德、智、体等方面全面发展的社会主义事业的建设者和接班人"。"国家在受教育者中进行爱国主义、集体主

义、社会主义的教育，进行理想、道德、纪律、法制、国防和民族
团结的教育"。"教育应当继承和弘扬中华民族优秀的历史文化传统，
吸收人类文明发展的一切优秀成果"。"教育活动必须符合国家和社
会公共利益"。这些规定明确了学校教育必须符合国家利益和社会公
共利益，也明确对未成年人进行思想品德教育、将未成年人培养成
为社会主义事业接班人是学校的义务和责任。

最后，学校是预防和矫治未成年人违法犯罪的重要场所。普通
学校通过有计划地对学生开展积极的正面教育，不断提高学生的科
学素养和文化修养，引导学生建立正确的人生观和世界观，培养学
生的爱国主义、集体主义精神和公民意识、法律意识；通过对未成
年人进行生活指导和青春期指导，培养学生健康的人格和行为；通
过与未成年人的父母或者其他监护人配合预防和制止未成年人旷课、
逃学、吸烟、打架斗殴等不良行为，从而预防未成年人的违法犯罪
行为。工读学校则通过对于有严重不良行为或者违法、轻微犯罪行
为的未成年人进行矫治，纠正未成年人的不良行为，预防未成年人
进一步的犯罪行为。

第二节　学校保护具体内容与方式

新中国成立 60 多年来，我国的教育事业取得了巨大成绩。根据
教育部公布的《2005 年全国教育事业发展统计公报》，2005 年全国
共有小学 36. 62 万所，小学在校生 10 864. 07 万人，小学学龄儿童
入学率达到 99. 15%；全国共有初中学校 62 486 （其中职业初中
601 所）所，初中在校生 6214. 94 万人，初中阶段毛入学率为

95%；全国高中阶段教育（包括普通高中、职业高中、普通中等专业学校、技工学校、成人高中、成人中等专业学校）共有学校 31 532 所，高中在校学生 4030．95 万人，高中阶段毛入学率 52．7%。全国共有幼儿园 12．44 万所，在园幼儿（包括学前班）2179．03 万人。全国共有特殊教育学校 1593 所，在校残疾儿童 36．44 万人。此外，还有部分未成年人在文艺、体育学校就读。根据上述统计，全国有将近 60 万所包括幼儿园、特殊教育学校在内的学校在对近 2．5 亿的未成年人进行教育和管理。学校对未成年人保护的责任重大。学校对未成年人的保护贯穿在学校的教育和管理、服务活动中，主要是两个方面，一是对未成年人身心健康的保护，二是对未成年人合法权益的保护。

一、学校对未成年人身心健康的保护学校对未成年人身心健康的保护，需要从以下几个方面做起：

1. 全面贯彻国家的教育方针，对未成年人实施素质教育

我国《教育法》第五条确立了教育必须为社会主义现代化建设服务，必须与生产劳动相结合，培养德、智、体等方面全面发展的社会主义事业的建设者和接班人的基本方针，《义务教育法》第三条规定："义务教育必须贯彻国家的教育方针，实施素质教育，提高教育质量，使适龄儿童、少年在品德、智力、体质等方面全面发展，为培养有理想、有道德、有文化、有纪律的社会主义建设者和接班人奠定基础。"《未成年人保护法》第十七条也规定："学校应当全面贯彻国家的教育方针，实施素质教育，提高教育质量，注重培养未成年学生独立思考能力、创新能力和实践能力，促进未成年学生全面发展。"上述规定表明，全面贯彻国家的教育方针，对未成年人实施素质教育是学校的法定义务和责任，学校通过对未成年人实施

素质教育，培养未成年人的独立思考能力、创新能力和实践能力，成为一个对国家、社会的有用之才，是对未成年人最直接的保护。

2. 对未成年学生进行社会生活指导和青春期教育

未成年人必须经过不断的社会化才能长大成人，才能成为一个合格的社会成员。因此，学校作为未成年人进入学龄期最重要的社会化场所，不但要向未成年人传授各种学科知识，而且还负有向未成年人系统地传授社会规范、价值观念、社会生活知识和技能，对未成年人进行社会生活知识指导，以提高未成年人的社会生存能力。如上所述，我国《未成年人保护法》第十九条规定："学校应当根据未成年学生身心发展的特点，对他们进行社会生活指导、心理健康辅导和青春期教育。"

未成年人一般从 12 岁左右开始进入青春发育期，在这一时期，生理上会发生一系列的变化，伴随着生理的变化，未成年人的心理也会发生一系列的变化。青春期未成年人生理发育的最大特点是性的萌动和逐渐成熟以及由此引起的一系列的外部形态的变化。青春期未成年人的心理特点则突出表现在心理情感的矛盾性，比如成人感与幼稚性并存，独立意识和依赖性并存、渴望友情、平等又自我封闭、渴望与异性交往又感到羞涩、做事带有冲动性和逆反心理。青春期的未成年人往往容易出现人际交往的压力、产生性烦恼和性困惑、出现抑郁、焦虑、恐怖等心理障碍以及学习压力等青春期特有的心理问题和现象。未成年人心理素质关系着国家和民族的未来。如何面对未成年人青春期的心理问题，有效地预防、干预和矫正未成年人的各种心理障碍，帮助未成年人顺利度过青春期，提高其心理素质，已成为全社会关心的大问题。学校和教师在向未成年人传授科学知识的同时，也应该关注未成年人的生理和心理变化，对未成年人进行青春期教育，引导未成年人科学认识自己青春期的生理和心理变化、自觉修正自己的行为，必要的时候对未成年人心理指导包括学习压力指导、人际关系指导、情绪情感指导和自我修养指导，培养未成年人的健康人格。

3. 关心爱护学生，耐心教育、不歧视

我国《未成年人保护法》第十八条规定，"学校应当尊重未成年学生受教育的权利，关心、爱护学生，对品行有缺点、学习有困难的学生，应当耐心教育、帮助，不得歧视，不得违反法律和国家规定开除未成年学生"。《预防未成年人犯罪法》也规定，"学校对有不良行为的未成年人应当加强教育、管理，不得歧视"。

首先，学校和教师应关心爱护全体学生。学校是教育人的场所，教育是教育者与受教育者互动的学习过程，受教育者在教育的过程中不只是被动的受众，也是积极主动的参与者。受教育者的态度决定教育的效果。因此，学校、教师应当关心、爱护学生，以爱育爱，将爱作为教育的内容和提高教育效果的途径。关心、爱护学生就是要关心学生的进步、对学生学习、成长过程中遇到的问题进行细心的指导，对学生的生活给予热心的照顾，对学生的困难耐心帮助解决。

其次，学校和教师应对特殊的学生给予平等的关心和爱护。学校和教师，一方面应关心爱护全体学生，另一方面更应注意对那些品行有缺点、学习有困难的学生给予平等的关心和爱护，甚至需要付出更多的关爱，对他们进行耐心的教育和帮助，不得歧视。未成年人年龄还小，辨别是非能力差，难免沾染不良思想和行为，对待这样的未成年人不能嫌恶和歧视，而应该配合家长共同做好思想教育和行为引导，防止其不良思想品行的进一步发展，预防其违法犯罪。对待学习有困难的学生，学校和教师更应该有耐心，不能简单地将责任推给家长和社会，防止学生从学校流失。

4. 引导未成年人观看、收听、阅读有益的音像制品和读物

学校作为专门的教育机构，除了在校园内、课堂上全面贯彻国家的教育方针，对未成年学生实施素质教育，还应该对未成年学生的课余活动加以积极的引导，将其作为校园教育、课堂教育的延伸，用以巩固课堂教育的效果。辽宁省实施《中华人民共和国未成年人保护法》办法就规定学校和教师应当"引导学生观看、收听、阅读有益的音像制品和读物"（第十四条），河北省实施《中华人民共和国未成年人保护法》办法（97 修正）则规定了学校和教师应当预防和制止"向未成年人灌输封建迷信思想，传播淫书、淫画、淫秽录像或者其他淫秽物品"的行为（第五条），从另一个角度强调了对未成年人的正面引导。

5. 为未成年人创造必要的生活卫生保健条件

在学校或者在托幼园所接受教育的未成年人有将近 2/3 的时间脱离父母或者其他监护人的监护，在学校或者在托幼园所中度过，由学校或者在托幼园所进行教育、管理或者提供生活服务，因此，为保障未成年人的身心健康，学校和幼儿园应当为学生和儿童创造必要的生活卫生保健条件，设立卫生室，并按规定配备医务人员或者保健教师。学校要开设卫生健康课，定期开展未成年学生常见病、多发病的群体预防。《天津市未成年人保护条例》（第十七条）、河北省实施《中华人民共和国未成年人保护法》办法（97 修正）（第七条）等对此作了明确规定。

6. 建立家校联系制度，共同做好未成年人的教育指导工作

家庭教育、学校教育和社会教育被喻为现代教育的三大支柱，

应该相互配合各有侧重地承担起对未成年人的教育责任。建立家校联系制度，密切家长与学校的联系，家庭与学校共同配合，做好未成年人的教育工作，是保障未成年人健康成长的重要条件。另外，学校作为专门的教育机构，具有专门的教师队伍，掌握科学的教育方法，了解未成年人成长的生理心理特点，应该利用自己的优势资源，开办家长学校，对家庭教育进行指导，提高家庭教育的质量。《北京市未成年人保护条例》（第十九条）、《上海市未成年人保护条例》（第十六条）等对此作了专门规定。

7. 学校不得实施有害未成年人身心健康的活动

学校在采取积极措施保护未成年人身心健康的同时，进行自我约束，不实施有害未成年人身心健康的"禁止性"行为，对未成年人身心健康也具有积极的意义。如学校应当与未成年学生的父母或者其他监护人互相配合，保证未成年学生的睡眠、娱乐和体育锻炼时间，不得加重其学习负担（《未成年人保护法》第二十条）；学校、幼儿园、托儿所的教职员工应当尊重未成年人的人格尊严，不得对未成年人实施体罚、变相体罚或者其他侮辱人格尊严的行为（《未成年人保护法》第二十一条）；学校、幼儿园、托儿所不得在危及未成年人人身安全、健康的校舍和其他设施、场所中进行教育教学活动（《未成年人保护法》第二十二条）；一些地方的未成年人保护法实施办法或者地方性未成年人保护条例还规定学校不得组织学生从事超过其承受能力的勤工俭学活动或者从事有毒、有害、有危险的工作和不适宜的劳动等，均是对未成年人身心健康的有益之举。

二、学校应维护和保障未成年人的合法权益

学校是未成年人集中的场所，学校和教师在对未成年人进行教育、管理和服务的过程中往往处于强势地位。然而，学校在教育、管理和服务中，应该坚持教育以学生发展为本的理念，把学生看做能动的主体。同时，学校和教师在教育、管理和服务中，应该遵守《教育法》、《义务教育法》、《未成年人保护法》和《预防未成年人犯罪法》等法律的规定，尊重未成年人人格，维护和保障未成年人的合法权益。

1. 维护和保障未成年人的受教育权

我国《未成年人保护法》第十八条规定："学校应当尊重未成年学生受教育的权利，关心、爱护学生，对品行有缺点、学习有困难的学生，应当耐心教育、帮助，不得歧视，不得违反法律和国家规定开除未成年学生。"我国《义务教育法》确立了9年制义务教育制度，同时规定了未成年人的入学年龄为6周岁，为维护和保障未成年人的受教育权，学校和教育行政部门不得拒收主管部门规定范围内的适龄未成年人入学，并采取积极措施保障贫困、残疾和流动人口中的未成年人以及其他处于困境中的未成年人接受义务教育；保障学校不得随意开除未成年学生；不得以停课、劝退等方式变相剥夺未成年学生的受教育权。

2. 尊重未成年人的人格尊严

人格尊严是生命个体作为人所应具有的最起码的社会地位以及应受社会和他人最起码尊重的资格。未成年人虽然年幼，但也是独立的主体，具有独立的人格，其人格尊严不容侵犯。我国《未成年人保护法》第二十一条规定学校、幼儿园、托儿所的教职员应当尊重未成年人的人格尊严，对所有的未成年人一视同仁予以保护，不歧视品行有缺点、学习有困难或者贫困、残疾学生以及借读生或者其他处于困境的学生也体现了对未成年人人格尊严的尊重。

3．维护和保障未成年人的生命健康权

学校在对未成年人教育、管理和服务的过程中，应维护和保障未成年人的生命健康权。维护和保障未成年人的生命健康权是保护未成年人身心健康成长的前提。如前所述，学校不得让未成年学生在危及人身安全、健康的校舍和其他教育教学设施中活动；不得体罚或变相体罚学生等规定，都是维护和保证未成年人生命健康权的具体要求。此外，《未成年人保护法》第二十二条规定："学校、幼儿园、托儿所应当建立安全制度，加强对未成年人的安全教育，采取措施保障未成年人的人身安全。学校、幼儿园安排未成年人参加集会、文化娱乐、社会实践等集体活动，应当有利于未成年人的健康成长，防止发生人身安全事故。"第二十三条规定："教育行政等部门和学校、幼儿园、托儿所应当根据需要，制定应对各种灾害、传染性疾病、食物中毒、意外伤害等突发事件的预案，配备相应设施并进行必要的演练，增强未成年人的自我保护意识和能力。"第二十四条也规定："学校对未成年学生在校内或者本校组织的校外活动中发生人身伤害事故的，应当及时救护，妥善处理，并及时向有关主管部门报告。"这些规定更是直接体现了对未成年人生命健康权的维护。

4．维护和保障未成年人的隐私权

隐私权就是公民依法享有的维护其隐私不受他人非法侵犯并由自己独立支配的一项具体人格权。未成年人作为独立的主体拥有个人的隐私，如未成年人的学习成绩、考试分数、学业评定等级、考勤记录、违纪记录以及其他的教育档案以及一些生理心理变化、情绪情感起伏、思想认识波动往往不希望公开披露或者被他人刺探了解信息以及未成年人手机短信和网络聊天记录、日记、个人信件、书包、书桌、宿舍、床铺、个人房间等不愿意他人侵扰的领域均可视为未成年人的隐私，未成年人有权予以维护，阻止他人的刺探、了解、侵扰或者披露。

学校和教师在教育、管理未成年人的过程中常常能够了解和掌握一些未成年人的个人隐私，如学习成绩、考试分数等。学校和教师应该尊重未成年人的人格尊严，未经未成年人的同意不得擅自公开或者利用未成年人的隐私。《上海市未成年人保护条例》规定："学校在义务教育阶段，不得举行或者变相举行与入学挂钩的选拔考试或者测试；不得张榜公布学生的考试成绩名次"（第十三条）。首次规定了对学生分数隐私的保护。

学校和教师维护和保障未成年人的隐私权，还应该建立尊重、平等、信任的理念，改善对学生的教育管理的方法，不得以教育管理的借口或者了解学生思想动态的名义翻看学生日记、信件等。

5．维护和保障未成年人的参与权

未成年人是独立的、能动的主体，联合国《儿童权利公约》规定："缔约国应确保有主见能力的儿童有权对影响到其本人的一切事项自由发表自己的意见，对儿童的意见应按照其年龄和成熟程度给予适当的看待。"确立了未成年人的参与权，我国《未成年人保护法》修订草案也增加了未成年人参与权。学校对未成年人参与权的保护体现在：学校应支持和引导校内共青团、少先队、学生会以及其他学生组织开展有利于学生身心健康的活动，听取学生意见；学校应保证学生参加自我管理和校园建设的权利。《天津市未成年人保护条例》（第二十二条）和《北京市未成年人保护条例》（第二十六条）均有这样的规定。

此外，学校和教师在教育和管理中，还应该维护和保护未成年人的荣誉权、名誉权、肖像权、财产权等合法权益。

三、专门学校矫治未成年人的不良行为，预防未成年人犯罪

《未成年人保护法》第二十五条规定："对于在学校接受教育的有严重不良行为的未成年学生，学校和父母或者其他监护人应当互相配合加以管教；无力管教或者管教无效的，可以按照有关规定将其送专门学校继续接受教育。依法设置专门学校的地方人民政府应当保障专门学校的办学条件，教育行政部门应当加强对专门学校的管理和指导，有关部门应当给予协助和配合。专门学校应当对在校就读的未成年学生进行思想教育、文化教育、纪律和法制教育、劳动技术教育和职业教育。专门学校的教职员工应当关心、爱护、尊重学生，不得歧视、厌弃。"

第十讲 未成年人的司法保护

第一节 认识司法保护

司法保护是指公安机关，人民检察院，人民法院以及司法行政部门等国家机关通过依法履行职责，对未成年人所实施的一种专门保护措施。

1. 有权实施司法保护的机关

公安机关，人民检察院，人民法院以及司法行政部门，即广义的国家司法机关。

2. 一般司法保护：适用于所有未成年人。特殊司法保护：对有违法犯罪行为的未成年人所采取的维护合法权益，促使其早日改过自新的保护措施。

3. 司法机关在保护的角度讲，它包括：

（1）人民法院依法审理各种涉及未成年人合法权益的民事案件。

（2）依法保障违法犯罪未成年人的合法权益。

（3）依法保护为未成年人及其监护人，其他组织和公民对诉讼权以及检举，控告权的行使。从特殊司法角度讲，主要指司法机关对违法犯罪行为的为未成年人所采取的维护其合法权益，促使其早日改过自新的保护措施。

4. "专门保护措施"的含义

指有别于家庭，学校，社会保护的由国家司法机关按照一定程序进行的行政保护措施。从司法保护涵义的解释，我们可以看出这里所说的司法保护，虽然涉及一般的司法保护，但主要指特殊的司法保护。

第二节 司法保护的基本要求及意义

一、司法保护的基本要求

关于司法保护的基本要求，未成年人保护法作了八个方面的规定，下面主要列举四个方面的内容，前三个方面内容主要是对有违法犯罪行为的未成年人而言，最后一方面内容涉及所有未成年人的合法权益。

1. 办理未成年人犯罪案件，实行有别于审理成年人犯罪案件的特殊制度。

从 1988 年起，我国各地的人民法院相继成立了审理未成年日犯罪的法庭，该法庭由少年预审组，少年法庭组成，专门负责少年犯罪的预审，起诉和审判并采取了区别于成年人的侦察、起诉和审叛的方式，做到寓教于审，审教结合。

2. 对违法犯罪的未成年人实行教育，感化，挽就的方针，坚持教育为主，惩罚为辅的原则，尊重违法犯罪未成年人的人格尊严，保护他们的合法权益原则。

3. 对人民法院免除刑事处罚，或者宣告缓刑以及被解除收容教养，或者服刑期满释放的未成年人，应做好安置工作、复学、开学、就业不受歧视。

二、主要内容和方式

1. 公安机关、人民检察院、人民法院以及司法行政部门，应当依法履行职责，在司法活动中保护未成年人的合法权益。

2. 未成年人的合法权益受到侵害，依法向人民法院提起诉讼的，人民法院应当依法及时审理，并适应未成年人生理、心理特点和健康成长的需要，保障未成年人的合法权益。在司法活动中对需要法律援助或者司法救助的未成年人，法律援助机构或者人民法院应当给予帮助，依法为其提供法律援助或者司法救助。

3. 人民法院审理继承案件，应当依法保护未成年人的继承权和受遗赠权。人民法院审理离婚案件，涉及未成年子女抚养问题的，应当听取有表达意愿能力的未成年子女的意见，根据保障子女权益的原则和双方具体情况依法处理。

4. 父母或者其他监护人不履行监护职责或者侵害被监护的未成年人的合法权益，经教育不改的，人民法院可以根据有关人员或者有关单位的申请，撤销其监护人的资格，依法另行指定监护人。被撤销监护资格的父母应当依法继续负担抚养费用。

5. 对违法犯罪的未成年人，实行教育、感化、挽救的方针，坚持教育为主、惩罚为辅的原则。对违法犯罪的未成年人，应当依法从轻、减轻或者免除处罚。

6. 公安机关、人民检察院、人民法院办理未成年人犯罪案件和涉及未成年人权益保护案件，应当照顾未成年人身心发展特点，尊重他们的人格尊严，保障他们的合法权益，并根据需要设立专门机构或者指定专人办理。

7. 公安机关、人民检察院讯问未成年犯罪嫌疑人，询问未成年证人、被害人，应当通知监护人到场。公安机关、人民检察院、人民法院办理未成年人遭受性侵害的刑事案件，应当保护被害人的名誉。

8. 对羁押、服刑的未成年人，应当与成年人分别关押。羁押、服刑的未成年人没有完成义务教育的，应当对其进行义务教育。解除羁押、服刑期满的未成年人的复学、升学、就业不受歧视。

9. 对未成年人犯罪案件，新闻报道、影视节目、公开出版物、网络等不得披露该未成年人的姓名、住所、照片、图像以及可能推断出该未成年人的资料。

10. 对未成年人严重不良行为的矫治与犯罪行为的预防，依照预防未成年人犯罪法的规定执行。

三、未成年人权利法律保护的意义

在我国，所谓未成年人权利的法律保护，是指依据我国的法律，对未成年人所享有的生存权、发展权、受保护权和参与权等权利的保护。未成年人权利的法律保护对于和谐社会的建立和未成年人的健康发展具有重要的意义，具体地说，包括两个方而内容：

首先，未成年人权利的法律保护有利于促进未成年人的健康发展。未成年人是身心发育尚未成熟的特殊群体。从生理的特征看，骨骼发育快，具有较大的可塑性，脑细胞工作的耐力较差等。从心理的特征看，未成年人的感知表象化，好奇心强，模仿性强，自我控制能力较差，心理品质可塑性大等。未成年人的上述特点决定了未成年人群体是弱势群体，国家的法律、法规和政策对未成年人权利进行特殊保护和优先保护，有利于促进未成年人的身心健康发展。

其次，未成年人权利的法律保护有利于预防未成年人违法犯罪。在现行的法律框架内，未成年人的权益保护与违法犯罪的预防的关系涉及《未成年人保护法》与《预防未成年人犯罪法》两部法律。修订后的《未成年人保护法》第 59 条规定："对未成年人严重不良行为的矫治与犯罪行为的预防，依照《预防未成年人犯罪法》的规定执行。"这说明两部法律在内容上各有侧重，是相辅相成的关系。《未成年人保护法》侧重于全而保护未成年人的各项权益，坚持教育和保护相结合的原则，防止未成年人产生不良行为。《预防未成年人犯罪法》侧重于对未成年人严重不良行为的矫治和违法犯罪行为的预防。

在我国，预防未成年人违法犯罪工作实践表明，维护未成年人权利是预防和减少未成年人违法犯罪的重要基础和前提性条件。有学者认为，未成年人违法犯罪与他们的权利受到侵害有密切的关系，未成年人违法犯罪事件的发生，往往与他们的生存权、生命权、受教育权、人格尊严权等权利首先受到侵犯有密切的关系。从这一观点出发，对未成年人权利的保护比处罚少年犯罪，更能显示其应有的社会效果。只有更好地维护未成年人的合法权益，解决未成年人在学习教育、身心健康、困难救助等方而的利益诉求，才能从根本上促进预防未成年人违法犯罪工作取得实效。另外，在预防未成年人违法犯罪的过程中，为减少违法犯罪行为发生的诱因，党和政府采取了有力措施减少和消除影响未成年人健康成长的不利因素，创造促进青少年健康成长的良好环境，这在一定程度上也促进了未成年人权利的保护。

第十一讲　当生命遭遇意外的小知识

现在的孩子，大多数都是独生子女，被称作"小皇帝"。其中一些孩子，在性格等方面有很多欠缺，这使得他们在面对犯罪侵害的时候往往束手无策。有调查显示，我们的孩子中，有41%被外人打骂过，大约有33%受过犯罪分子的侵害，其中包括盗窃、抢劫和威胁等形式。

为什么孩子容易遭受侵害呢？侵害的学生中，有4%的孩子承受了40%的侵害，并不是所有孩子承受的侵害都一样。外国有过这么一个研究，不论男女老幼，每个人一生至少要受到3次犯罪侵害。那么这3次犯罪是不是都统一平分了呢？不是。由于每个人的情景和被害性不一样，所承受的侵害就不一样。我们说的被害性，是指被害人在遭受犯罪侵害时的特征，这些特征使得一部分人极易成为被害人。所以说，4%的人会承受40%的侵害。被害性包括两个方面，一是本质特征，二是个体特征。

所谓本质特征，对于中小学生这个群体来说，他们的年龄偏小，生理、心理都不健全，知识水平有限，这样就构成了中小学生的本质特征。这是怎样一个特征呢？关键在于"弱势"二字，也就是说，他们是典型的"弱势群体"。同时，中小学生里面又有个体差异，有的孩子比较弱，女孩子比男孩子弱，戴眼镜的孩子可能比不戴眼镜的孩子还弱，这样就构成了个体特征。被侵害还有一些情景的特征，分为内部特征和外部特征。

外部特征是什么呢？它包括时间、空间、氛围等特征。时间方面，比如说夏天的强奸案多，冬天的盗窃案多。空间也是一种外部特征。设想，我们来到一个大空地或是到了青纱帐里，鸟一叫，风一吹，我们会打颤、心寒，这是因为我们内心感到了恐惧。在这种时间和空间就容易发生犯罪侵害。

内部特征是个体的性格行为方式的情景特征，比如说有的孩子懦弱，被犯罪侵害后，他不敢说；有的孩子可能脾气暴烈，犯罪分子加害于他的时候，他拼命反抗，反而引起犯罪分子的激情虐杀。

中小学生的群体本质特征决定了他们极易被犯罪行为侵害，所以，对于孩子们的安全问题，我们要特别加以重视。

第一节　生命财产面临侵犯的几种措施

一、如何应对贼进门

随着社会的进步与发展，尽管犯罪率已经得到了一定的控制，但是，这并不代表我们可以就此放松警惕。尤其是学生群体，以中小学生最为突出，我们更应该知道如何防范犯罪分子的伤害。

随着寒暑假的到来，学生基本是在家活动的，倘若此时遇到不法分子入室盗窃，势必会使很多学生乱了阵脚。接下来将给读者介绍几种防范措施。首先应该尽量避免自家门窗被不法分子打开，可以采用欺骗不法分子，例如装做跟家长说话，开大电视机音量等办法。毕竟门窗是一个家的生命防线，如果家门真的被打开后，该怎么办呢？这时候，孩子应当如何应对？一旦出现这种情形，我们也得有相应的对策。下面是我们针对这种情况，提出的几种应对技能。

第一种技能是欺骗。如果孩子在家的时候，真的有贼进来了，要教会孩子如何欺骗贼。比如说，贼进门以后，可以对他说："我爸爸出去了，一会儿就回来。"或是说："我妈妈出去买菜了，几分钟以后就回来了。"要是孩子这么一说，心虚的贼便不会恋战，很可能会马上跑掉。

第二种技能是逃跑。三十六计走为上计。比如，要教育孩子，如果在贼进屋后，还没来得及关门的时候，应该非常机警地拔腿就跑。看见生人进屋，孩子只要马上跑开，外面又有邻居，便可以得救。

第三种技能是迫不得已的情况叫装死。有的时候，犯罪分子会殴打孩子，或是掐孩子。这时千万注意，孩子不要大声地喊叫反抗，可以装死。小昆虫、小动物都会装死，这也是一个技能，我们把它称之为死去活来。

第四种技能是报信，要学会报信。例如，在危险的时候，当孩子听到邻居家的叔叔阿姨从旁边经过，要让孩子想办法把这个信息送出去。

第五种技能是搏斗。这种技能我们并不提倡，但是如果面对进入家中的贼，孩子占有绝对强势的时候，可以果断地出击，这就是以强胜弱的情况。

第六种技能是放弃。盗贼拿家里东西的时候，你必须想到"生命第一，财产第二"。所以，家长可以告诉孩子家里哪儿存放着钱。如果说真到了无可奈何的境地，孩子可以丢卒保车。即使孩子把钱给了坏人，爸爸妈妈回来也要告诉孩子们，说这个钱并不重要，爸爸妈妈看重的是你的生命安全。

第七种技能是随机应变。譬如一般情况下不要叫喊，但是该叫喊的时候要叫喊。如果旁边都有邻居，又是白天，还开着窗户，只要能呼救，我们要尽量叫喊。要是周围是个黑暗的地方，楼道里没有人，又是夜里没法呼叫，就不要叫喊。有时候，盗贼也许并不想杀你，你的叫喊，反而会激怒他，让他突然产生激情杀人的冲动。

第八种技能是应对捆绑。要知道，如果双手被捆在后头，非常不容易解脱，而且极为痛苦。这时候，你可以向盗贼要求，说手捆绑在后面非常难受，要设法让他在前面捆绑。一旦捆绑在前面，我们便有应对的招数。在犯罪分子进行捆绑时，我们可以把肌肉绷紧，或者把两臂之间错开一些，这样即便捆得再结实，只要盗贼离开，我们的肌肉一回位就能解决掉。关于这方面，我们做过多次实验，只要绷紧肌肉让人捆绑，放松肌肉后，这个结很容易便打开了。

第九种技能是不看。这是什么意思？如果真是遇到丧心病狂的歹徒，手持凶器，入室盗窃或抢劫的时候，马上跟这个歹徒说："对不起，从现在开始，我不看你的脸。"这样，盗贼没有了后顾之忧，孩子也可以避免遭受进一步的伤害。

也许这些只是对大多数人来说是小儿科了。然而此类财产侵犯相对于被暗中偷窃的比例来说确实是很小的。那么笔者将就此拓展介绍一下中学生财产受到侵犯原因以及应急措施。

二、针对学生抢劫、抢夺犯罪的主要特点

抢劫、抢夺犯罪问题是近年来社会治安中的突出问题，此类犯罪主要是：以侵犯他人财产为目的，在街面、交通要道、公共复杂场所以及偏僻路段实施抢劫、抢夺。受校园环境的制约，发生在校

园及其周边的抢劫、抢夺案件具有显著的特点，表现在作案时间、地点、对象、工具以及犯罪主体等方面。

1. 作案时间、地点呈规律性

抢劫、抢夺犯罪的作案时间一般为师生休广息或校园内的行人稀少、夜深人静之时，作案地点大多是校园里比较偏僻、阴暗、人少的地带，如树林中、小山上、远离宿舍区的教学实验楼附近或无路灯的人行道、正在兴建的建筑物内以及学校附近的公园等。

2. 作案对象有一定的针对性

抢劫、抢夺犯罪主要目标是携带贵重财物的、单身行走的、看电影或晚自习晚归无伴或少伴的大学生，尤其是女大学生，还有谈恋爱滞留于阴暗无人地带的大学生。从被害人的特点上看，女大学生在体质方面属于弱势群体，遭到侵害后反抗能力较差，尤其是夜间单独行路的女大学生，极易成为遭抢对象。因为抢劫、抢夺犯罪属于侵财型犯罪，所以经济条件好的大学生也是犯罪分子的作案目标；另一方面，许多大学生习惯将现金、手机等贵重物品放在随身包内或把金银饰品置于明处，这也给作案人以可乘之机。

3. 作案工具具有特定性

一方面，抢劫、抢夺案件中实施犯罪多借用一定的交通工具，如摩托车、轿车等，其中以摩托车为最多。抢劫、抢夺犯罪之所以利用交通工具辅助犯罪，是因为要把它当作快速作案、快速逃跑的法宝，让被害人难以应付，让公安机关防不胜防。另一方面，抢劫、抢夺犯罪人大多随身携带匕首、短刀、棍棒等凶器，持有这些工具，有的是为了直接实施暴力抢劫，有的是为了先实施抢夺，万一不成，便进一步实施暴力，转化为抢劫，还有的是为了抗拒公安机关的抓捕。

4. 作案手段多样化

校园内或校园周围发生抢劫、抢夺犯罪的作案手段不一，呈现多样化特点。最常见的是"飞车抢夺"，作案人驾驶两轮摩托车乘大学生或女教师不备之机，抢夺其随身携带的包、手机、项链等物品，更有甚者干脆将教师或大学生暴打一顿，将财物洗劫后逃之夭夭。

5. 犯罪主体构成具有特征性

从犯罪主体的身份构成上来看，大多数属于社会闲散人员，找不到工作、没有经济来源。这就导致一部分人铤而走险，走上犯罪道路。有相当一部分人有犯罪前科，其中有的是吸毒者，有的是赌徒，还有的是因为抢劫、抢夺被判过徒刑，出狱后又故伎重演。

6. 作案时间短、防范难、逃窜速度快、不易被侦破

抢劫、抢夺犯罪作案时间较短，大多数抢劫、抢夺案件的全过程仅仅几分钟，而且一般发案都比较突然，被害人经常处于被动地位，发案前征兆不明显，因此防范较困难。在侦破此类案件时，由于作案时间短，逃窜速度快，现场几乎留不下有侦查价值的痕迹物证，加之被害人的内心恐慌，很难记住作案人的体貌特征。同堂时，作案用的车辆大都使用外地牌照或者将牌照放在隐蔽的地方，有的干脆生不挂牌照，被害人根本无法识记，也就无法准确提供线索。而且，作案人在曼案前都不同程度地订立攻守同盟，一旦被抓，经常百般抵赖，死不认账。

三、预防和应对抢劫、抢夺犯罪的措施

抢劫、抢夺犯罪是影响社会治安的重要因素。各高校保卫部门应积极争取当地政法公安机关的支持，落实各项防范措施，建立安全防范机制。只有做好防范工作，才能巩固打击成果，改变打不胜

打、问题层出不穷的状况。

1. 加强安全知识教育努力提高防范意识与能力

抢劫、抢夺案件中有相当一部分，只要被害人加强自身的安全防范意识，提高防范水平，是可以避免，或者将损失降到最低限度的。

在校大学生应注意以下几方面：妥善保管好随身携带的贵重物品，做到不外露、不向人炫耀；尽量不要单独外出，注意结伴而行，尤其是夜间不要在偏僻处单独行走；不要独自在偏远、阴暗的林间小道、山路上行走，不到行人稀少，环境阴暗、偏僻的地方，避开无人之地；避免深夜滞留在外不归或晚归；穿戴适宜，尽量使自己活动方便；一个人时不要显露出胆怯害怕的神情；男女学生谈恋爱不要在偏僻的路段滞留，一旦在偏僻路段遇到可疑人或可疑情况，要尽可能地迅速离开；外出旅行时，切忌旁人知道携有巨款或贵重物品，要谨言慎行，以防不测；到银行等金融机构存取大数额钱款时，要有人陪同，路上要注意是否有人盯梢；在街面上行走时，要尽量将挎包挎在人行道一侧，避免被作案人驾驶机动车顺手抢夺。

2. 应对策略

大学生万一遭遇了抢劫、抢夺，要保持精神上的镇定和心理上的平静，克服畏惧、恐慌情绪，冷静分析自己所处的环境，对比双方的力量，针对不同的情况采取不同的对策。

（1）要尽力反抗只要具备反抗的能力或时机，就应及时发动进攻，制服或使作案人丧失继续作案的心理和能力。无论在什么情况下，只要有可能，就要大声呼救，或故意高声与作案人说话。

（2）要尽量纠缠，可借助有利地形，利用身边的砖头、木棒等足以自卫的武器与作案人僵持，使作案人短时间内无法近身，以引来援助者并给作案人造成心理上的压力。当无法与作案人抗衡时，可看准时机向有人、有灯光的地方或宿舍区奔跑。

（3）采用语言反抗法，当已处于作案人的控制之下无法反抗时，可按作案人的需求交出部分财物，采用语言反抗法，理直气壮地对作案人进行说服教育，晓以利害，造成作案人心理上的恐慌。切不可一味求饶，要保持镇定，或与作案人说笑，采用幽默的方式，表明自己已交出全部财物，并无反抗的意图，使作案人放松警惕，看准时机反抗或逃脱控制。

（4）采用间接反抗法即趁其不注意时在作案人身上留下暗记，如在其财衣服上擦点泥土、血迹；在其口袋中装点有标志的小物件；在作案人得逞后。悄悄尾随其后，注意作案人的逃跑方向等。

（5）注意观察作案人体貌特征要注意观察作案人，尽量准确记住其特——征，如身高、年龄、体态、发型、衣着、胡须、疤痕、语言、行为等特征。

（6）被抢夺后，应保持镇定，及时做出反应抢劫犯作案后急于逃跑，利用这种心理，应大声呼叫，并追赶作案人，迫使作案人放弃所抢的财物。若无能力制服作案人，可保持距离紧追不舍并大声呼救，引来援助者。若追赶不及，应看清作案人的逃跑方向和有关衣着、发型、动作等特征，及时就近到人多的地方请求帮助，并及时向学校保卫部门报案。

（7）及时报案作案人得逞后，有可能继续寻找下一个抢劫目标，更有可能在附近的商店、餐厅挥霍。各学校一般都有较为严密的防范机制，如能及时报案，准确描述作案人特征，有利于有关部门及时组织力量进行布控，抓获作案人。在校外被抢者，要及时到就近的派出所报案。这些应对措施并没有严格的先后次序，我们应该根据当事人所处的环境与双方力量对比情况，坚持"实事求是、具体问题具体分析"的原则，以自己的生命安全为重，灵活运用以上各种办法为自己解除难题，将损失降到最低限度。

四、学生容易被盗窃的原因

1. 思想单纯。

防范意识差钱财被盗事件的发生，大多与学生防范意识差有关。很多学生不注意保管好自己的钱财，缺乏警惕性，为盗窃分子打开了方便之门。据某高校抓获的犯罪嫌疑人交代，偷学生的东西很容易，在教室、餐厅，有的学生把内装有钱物的包随意放在座位上，有的搞活动时把包、衣放在球场边，案犯随手一拿，旁人根本不知他是拿自己的东西还是拿别人的东西。在学生宿舍，有时屋子里没人也常不锁门，有时即使有人也睡得很沉，钱物随意乱放，很容易被偷，案犯有时遇到人说一声"找人"就应付过去了。

2. 学生素质参差不齐。

"内贼"难防某高校保卫处一位负责人分析该校近期多次发生的盗窃案时指出，高校学生被盗事件中，相当一部分为内盗。由于"内贼"熟悉值班人员的情况，在作案时间、隐藏地点等方面上有诸多便利，因此有时值勤人员很难识别，防不胜防。

3. 学生不认真执行规章制度。

为加强对学生宿舍、教室等场所的管理，学校都制订了完备的规章制度。但不少学生不重视，如最后离开的学生不关门，擅自留宿外人等，造成不法分子有机可乘，有空可钻。

4. 群防意识差。

现在的学生素质参差不齐，独生子女多，个人主义严重。不少学生认为学校治安防范工作与自己无关，在这种思想的支配下，即使听到喊捉贼，也很少有人出来帮忙。其实城门失火，殃及池鱼，治安环境不好，也许有一天案犯也会偷到自己的头上的。

五、校园盗窃案件的作案特征

由于客观场所和作案主体的特殊性，校园盗窃案件具有以下作案特征：

1. 作案时间上的规律性

学校有独特的学习、活动和生活的规律，这些规律直接影响和制约着行为人某种行为的具体实施。一般说来，作案分子主要选择以下时间作案：学生上课（尤其是体育课）、早晚自习、睡觉时间；校内举办各种大型活动、放电影或开大会时间；学生开学、新生军训时间；学生期末考试时间、放假前、假期前后等。

2. 作案目标上的准确性

校园中内盗案件比较多，财会室、计算机室在什么位置，作案人会掌握得一清二楚；哪个学生有钱或有贵重物品，常放在什么地方，有没有锁在箱子中或柜子里，钥匙放在何处，作案分子基本上也了解。不动手则罢，一旦动手，常会十拿九稳地得手。

3. 作案频率上的连续性

第一次作案得手后，作案人往往会产生侥幸心理，加之报案及破案滞后，作案人极易屡屡作案而形成一定的连续性。

4. 作案手法上的简单性

作案者往往不需要撬门翻窗，不携带作案工具，而是直接进入室内见到现金和贵重物品就拿，即使撬锁也是就地取材，现场翻动不大，现场遗留的痕迹物证很少，现场也提取不到任何有价值的线索。

5. 作案主体上的"本土"性

这里边说的"本土"性是指作案者往往是内盗居多，有时是同宿舍的人员的监守自盗，有时往往是熟人所为，如老乡、周围宿舍的同学等，他们利用聊天或借东西的机会，采取"顺手牵羊"的方式顺手盗走放在桌子等明处的贵重物品，作案时间短，手法隐蔽，几乎不留任何线索。据统计，内盗案件占整个盗窃案件的70%以上，而且这一比例仍有上升的趋势。

六、预防和应对盗窃的措施

防盗的基本方法有人防、物防和技术防范3种。人防是目前预防和制止盗窃犯罪最为有效、可靠的方法。物防是一种应用最为广泛的基础防护措施。学技术防范是可以及时发现入侵、能够替代人员守护且不会疲劳和懈怠，可长生时间处于戒备状态的更加隐蔽可靠的一种防范措施。

对高校保卫部门来说，首先要提高学生的防范意识，引导学生自觉做好主防范工作，增强财产自我保护意识，使警惕成为一种习惯。

学生应采取以下措施预防和应对盗窃：

1. 学生在宿舍和教室的财物防盗，要注意做到以下几点：

（1）最后离开教室或宿舍的同学，养成随手关窗、锁门的习惯；在宿舍楼内，去洗手间、上厕所、串门聊天、买饭菜或者睡觉时都要锁门，否则会留下隐患。

（2）不要留宿外来人员。如果违反学生宿舍管理规定，随便留宿不知底细的人，就等于引狼入室，后患无穷。

(3) 发现形迹可疑的人应提高警惕、多加注意，做一个有心人。盗窃分子到教室或宿舍行窃时，常常会窥测张望、伺机行事。遇到这种可疑人员，同学们应主动上前询问，但态度应热情。如果来人说不出正当理由，疑点较多且神色慌张，则需要进一步盘问，必要时可交学校值班人员处理。如果发现来人携有可能是作案工具或赃物等证据时，则必须立即报告学校值班人员和保卫部门。

(4) 建立"宿舍联防"机制，发挥群防群治的作用。一是建立以班级或专业为单位的共同防范区域，当有陌生或可疑人员进入这个联防区域时，任何一个处在此区域的同学要自动承担起保卫的任务，提高警惕，让犯罪分子无机可乘。二是在学生宿舍区建立学生治安小组，以学生为主体进行自我管理，由学生义务轮流参加本宿舍楼的治安值班，做到"管好自己的人，看好自己的门，办好自己的事"，协助治安部门完成保卫工作。

(5) 注意保管好自己的各种钥匙，不能随便借给他人或乱丢乱放，以防"不速之客"复制或伺机行窃。同时做到换人换锁，并且不能将钥匙借给他人，以防宿舍被盗。

(6) 钱包、手机等贵重物品不要到处乱扔，睡觉的时候将其放到枕头下，不要放到床边或者放在挂在床头的衣服袋子里。

2. 学生在图书馆、文体活动场所、食堂等处的财物防盗。要注意做到以下几点：

(1) 尽可能不携带过多现金、贵重物品，避免或减少损失。

(2) 在公共阅览室里，要做到现金、贵重物品不离身。不可用书、衣服等物品"占位"，这种行为缺乏公德，同时也非常容易丢失财物。

(3) 将物品交保管处保管，若无保管处，则应集中置于显眼处由专人看管。管或轮流看管。不能随意将衣服、包乱放，以防盗贼顺手牵羊。也不能将饭票、饭卡随手置于桌上，饭卡最好加上密码，有必要时设立一次最高消费额。

（4）排队（特别是买饭票、加卡）时，应注意周边环境，提高警惕。背着背囊、书包的同学应注意身后的变化，以防有人浑水摸鱼。

（5）离开一个地方或坐在什么地方起身时，要看看座位上和周围有没有落下什么东西，必要时从头到尾查找一遍。这样不仅可以避免物品遗漏，还可在物品被盗或者丢失时，及时报告当地派出所，有利于派出所迅速组织人员进行围堵，捉获盗贼，找回被盗物品。

3. 学生到校外购物、旅游、存取款、坐公交车时的财物防盗，要注意做到以下几点：

（1）尽量少带现金，不要露财。在旅途中钱分两处放，随时需要用的小额现金放在取用方便的外衣兜里，大额现金放在贴身的隐秘之处。旅途中不要与新结识的伙伴谈起与钱有关的事情。睡觉时要把装钱的包放在妥善之处，如放在身下、枕于脑后等等。途中不要因看热闹而疏忽自己的钱物。

（2）不要将背包和手袋背在背后，也不要把钱放在后裤袋中。避开老"粘"在身边的陌生人，如果在街上不小心被人撞了一下，要及时查看钱物。

（3）逛街购物试衣时，一定要将背包和手袋交同伴照管或随时掌控在自己手中。在超市购物时，不要将包或衣物放在手推车或篮子里，以防不注意时被拎包。

（4）不要挤在车门口，注意碰撞你的人及周围紧贴你的人。坐在双人座上，要注意同座位或后面人的第三只手。对一些手持报纸、杂志等物品的人多加留意，防止在这些东西遮掩下的盗窃行为。车厢内站立时最好一只手扶横杆，另一只手注意保护好随身携带的提包或背包。备好坐车的零钱，尽量不要在公共场所翻钱包，以免引起扒手的主意，尾随作案。

（5）学生在银行存取钱时最好能与人同去，一个人在柜台前办理存取钱手续，其他人在后面照应。取钱时，遇到不明白的事情，应向银行人员询问，尽量避免与周围的陌生人搭讪。输入密码时，要用手臂等部位挡住其他人的视线。

（6）夏天坐火车或者汽车时，不要把包放在离车窗很近的地方。因为夏天的车窗往往开着，当车停靠车站时，窗外的人很容易顺手牵羊把包偷走。不要把重要的东西当垫子用，不用的东西尽量不带在身上或放在包里。现金、支票或其他重要东西尽量放到安全的包里，不要随手拿着。

4. 几种易盗物品的防盗措施

（1）现金保管　现金的最好办法是存入银行，并加密码。密码应选择容易记忆且又不易解密的数字，千万不要选用自己的出生日期做密码。这是因为，一旦存折丢失很容易被熟悉的人冒领。特别要注意的是，存折、信用卡等不要与自己的身份证、学生证等证件放在一起，更不应将密码写在纸上，学生证与存折一起存放，以防被盗窃分子一起盗走后冒领。在银行存取款时，核对密码要轻声、快捷，切忌大声喊叫。

（2）各类有价证卡　各类有价证卡最好的保管方法，就是放在自己贴身的衣袋内，袋口应配有纽扣或拉链。密码一定要注意保密，不要告诉他人。如果参加体育锻炼等活动必须脱衣服时，应将各类有价证卡锁在自己的箱子里，并保管好自己的钥匙。

（3）自行车、电动车、摩托车要安装防盗车锁，养成随停随锁的习惯。骑车去公共场所，最好花钱将车停在存车处。如停放时间较长，最好加固防盗设施，如将车锁在固定物体上或者放在室内。一旦丢失，应立即到学校保卫部门或当地派出所报案，并提供有效证件、证明及其他有关情况，以便及时查找。

（4）贵重物品如手提电脑、手机、黄金饰品等，较长时间不用的应该带回家中或托给可靠的人代为保管。暂不使用时，最好锁在抽屉或箱（柜）子里，以防被顺手牵羊、乘虚而入者盗走。寝室的门锁最好是能防撬的，钥匙不要随便乱放或丢失。在价值较高的贵重物品、衣服上，最好有意地做上一些特殊记号，即使被偷走将来找回的可能性也会大一些。

七、发生盗窃案件后的应对措施

1. 及时报告发现被盗，应立即报告系（院）有关领导、学校保卫部门或当地派出所。

2. 封锁和保护现场犯罪现场是判断犯罪分子进行犯罪活动的依据。因此不准任何人进入犯罪现场，不要翻动现场的物品，不能急急忙忙地去查看自己的物品是否丢失，这对公安人员准确分析、正确判断侦察范围和收集罪证，有着十分重要的意义。

3. 发现嫌疑人。应立即组织同学进行堵截一要随机应变，注意安全。在援助人员未到之前，要和盗贼保持一定距离，以能控制盗贼逃窜为目的，谨防其狗急跳墙行凶伤人。万一逃窜，应大声呼叫以引起校园的师生注意并协助抓获。二要头脑冷静，急而不乱。有时盗贼虽能冲出寝室，但不一定能逃出宿舍楼，现在的学生宿舍大多只有一个出口，窗上大多都有护栏，同学们来得很快，盗贼往往都会在厕所、阳台、水房等处躲藏，这时要守住出口，有组织地认真盘查。

4. 协助调查一要实事求是地回答公安部门和保卫人员提出的问题，积极主动地提供线索，不凭想象推测，不隐瞒情况。二要认真回忆，力求全面准确，对事不对人。学校保卫部门和公安机关有义务、有责任为提供情况的同学保密。

5. 尽快挂失：如果发现存折、银行卡、校园卡被窃，应当尽快挂失。总之，大学生要提高警惕，时刻提醒自己，害人之人不可有，防人之心不可无，保持良好的防护习惯，认真观察身边的人与事，及时规避针对自己财产的侵害。勿以善小而不为，勿以恶小而为之，发现财物被侵要快速、准确、实事求是地报警求助。坚持用法律维护自己的财物安全，面对暴力侵财积极采取正当防卫，做到联防联治，共同营造文明、和谐、有序的校园环境。

当然在我们预防盗窃之余，我们也应该时刻不忘遵纪守法，根据《中华人民共和国刑法》第二百六十四条规定：对于盗窃公私财物，数额较大或者多次盗窃的，处 3 年以下有期徒刑、拘役或者管制，并处或者单处罚金；数额巨大或者有其他严重情节的，处 3 年以上，10 年以下有期徒刑，并处罚金；数额特别巨大或者有其他特别严重情节的，处 10 年以上有期徒刑或者无期徒刑，并处罚金或者没收财产；有下列情形之一的，处无期徒刑或者死刑，并处没收财产：（1）盗窃金融机构，数额特别巨大的；（2）盗窃珍贵文物，情节严重的。

八、财产诈骗的基本方式

校园发生的诈骗案件的内容和方式往往比较少，但是我们也应该对诈骗这种行为有所了解，防患于未然。诈骗作案人会根据不同对象和情况，使用不同的方式进行诈骗。

1. 假冒身份，流窜作案

诈骗分子作案时都会伪装自己的身份，常常假冒老乡、同学、亲戚等关系或其他身份，利用假身份证、假名片，骗取学生信任而作案。为了能骗得财物又不暴露马脚，诈骗犯罪分子通常采用游击方式作案，得手后立即逃离。还有的以骗取的财物、名片、信誉等作为"资本"，寻机再去诈骗他人，重复作案。

2. 投其所好，引诱上钩诈

骗作案分子行骗时，往往投其所好来套话，摸清目标人有哪些需求，有什么爱好，以便施展骗术，设置骗局，骗取财物。比如，摸清某学生急于就业或出国，就投其所好，与之套近乎，择机进行诈骗。

3. 真实身份，虚假合同

诈骗作案分子利用高校学生经验少，急于赚钱补贴生活的心理，常以公司名义让学生为其推销产品，事后却不兑现酬金而使学生上当受骗。这类案件在高校时有发生，由于没有完备的合同手续，处理起来比较困难，往往得不偿失。

4. 借贷为名，骗钱为实

诈骗作案分子利用人们贪图便宜的心理，以高息集资为诱饵，引诱学生和部分教师上当，一旦钱到手后，便消失得杳无踪迹。

5. 以次充好，连骗带盗诈骗

作案分子利用学生"识货"经验少又图便宜的特点，上门推销各种产品行骗，一旦发现室内无人，就顺手牵羊，溜之大吉。

6. 招聘为名，设置骗局诈骗

作案分子利用学生勤工助学的需求设置骗局，骗取介绍费、押金、报名费等，或是利用大众传播工具作虚假广告，骗取培训费、学杂费等，然后又以种种理由拒绝退款。

7. 骗取信任，寻机作案诈骗

作案分子利用一切机会与大学生拉关系、套近乎，或表现出相见恨晚之情，或表现出大方慷慨而以朋友相称，骗取学生的信任，了解情况后便伺机作案。

九、预防和应对诈骗的措施

1. 要有反诈骗意识

俗话说："害人之心不可有，防人之心不可无。"当然，"防人"并不是要搞得人心惶惶，关键是要有这种意识，对于任何人，尤其是陌生人，不可随意轻信和盲目听从，遇人遇事，应有清醒的认识，不要因为对方说了什么好话，许诺了什么好处就轻信、盲从。要懂得思考和分析，必要时还要知道怎样去调查，在此基础上作出正确反应。

2. 不要感情用事

诈骗分子的最终目的是在尽可能短的时间内骗取钱财，因此，对于表面上讲"感情"、"哥们义气"的诈骗分子（特别是新认识的"朋友"、"老乡"、遭受不幸的"落难者"），若对你提出钱财方面的要求，切不可被感情的表象所蒙蔽，不要一味"跟着感觉走"而缺乏理智，要学会"听、观、辨"，即听其言、观其色、辨其行，要懂得用理智去分析问题。最好能对比一下在常理下应作出的反应，如认为对方的钱财要求不合实际或超乎常理时，应及时向老师或保卫部门反映，以避免不应有的损失。

3. 切勿轻信"能人"

那些自称名流、能人的诈骗分子为了能尽快取得你的信任，达到其不可告人的目的，大都会主动地在你面前炫耀自己的"本事"，说自己是如何了得，取得什么成就，而且他正在运用他的"本事"、"能耐"为你解决困难或满足你的请求。当你遇到这种人时，你应当格外注意，因为你面前的那个"能人"，很可能就是一个十足的诈骗分子，正企图骗取你的信任，来达到其目的。此时，你的反应在很大程度上决定了你此后是否上当受骗。

4. 切忌贪小便宜

对飞来的"横财"和"好处"，特别是不很熟悉的人所许诺的利益，要深思和调查。要克服贪小便宜的心理，不要对突然而至的"好处"欣喜若狂。对于这些"横财"和"好处"，最好的防范是三思而后行。

5. 提高警觉

发现诈骗犯罪疑点时，应对诈骗犯罪分子应增强警惕、尽管罪犯十分善于尽管巧言令色，狡猾奸诈，但其内心世界却是虚的，这就难免会露出马脚。因此，一旦发现对方有诈骗的疑点，就应当果断采取应对措施，切不可轻率从事，从而受骗。

（1）观察判断，用心识别发现对方疑点时，要保持清醒头脑，认真仔细观察对方的神态表情、举止动作的变化，看对方的言谈、所持的证件以及有关材料与其身份是否吻合，以此识别真假。必要时可以找同学或相关人员商量，听取他人的意见和忠告，或者通过对方提供的电话、资料予以查证核实。

（2）巧妙周旋，有效制止财在发现对方疑点却一时无法确定真假而又不便轻易拒绝时，要有礼有节，采取一定的谈话、交往策略，注意在交锋中发现破绽，通过与其周旋印证自己的猜测。必要时，可采取一些吓唬的言辞，使对方心存顾忌，不敢贸然行事。

（3）停、看、听，防诈骗，诈骗犯罪花招百出，但只要心中不存贪念，遇事遵行"停、看、听"的原则，冷静以对，被骗几率就会大大减少。听到"你中大奖了"此类"好消息"，千万不要过于兴奋，一定要"停、看、听"。"停"就是使自己冷静下来，不要让自己处于激动、亢奋状态。"看"就是看对方的言谈举止是否过于夸张，冷静分析其所讲事情是否可信。"听"就是多提几个问题，听听对方如何回答。一般来说，骗术经不起推敲，盘问得越多，漏洞越多，骗子也越心慌。上街也好，在学校也好，遇事"停、看、听"，骗子便拿你无计可施。

6. 受骗后的应对措施

（1）平静心态，及时报案受害人无论是否因为自己的过错（如贪财、无知、轻信、粗心大意）而受骗，都要保持积极的心态，从受骗的噩梦中回到现实，吸取教训，并及时向有关部门报告，切勿"哑巴吃黄连，有苦肚里咽"。

（2）提供线索，配合调查

已经被骗并向有关部门报告的，要注意对作案人员遗留下来的文字材料、身份证件、电话号码等证据予以保留，并积极向学校保卫部门和公安机关提供诈骗嫌疑人的体貌特征、与其交往的经过等线索，配合调查，以便追缴被骗的财物。

同样，我们也我们应时刻警惕诈骗分子，更应该牢记法律和道德的规定。根据《中华人民共和国刑法》第二百六十六条规定：诈骗公私财物，数额较大的，处3年以下有期徒刑、拘役或者管制，并处或者单处罚金；数额巨大或有其他严重情节的，处3年以上10年以下有期徒刑，并处发件；数额特别巨大或者有其他特别严重情节的，处10年以上有期徒刑或者无期徒刑，并处罚金或者没收财产。

第二节　女学生防卫的几种措施

学校中出现性骚扰的情况在欧洲较常见，尤其是发生在一些女孩子身上。我们国家却不多见，这是为什么呢？一是相当数量的这种事情发生后，不被人所知。可能许多小女孩、小男孩在遇到这种性骚扰、猥亵之后，自己并不知道这是不好的事。还有的是知道这是不好的事，但却不敢往外说。所以大量的这类案件都成了隐案。警察不知道，老师不知道，父母也不知道。因此我们一定要对此提高警惕。比如说，曾经出现过辽宁葫芦岛一名小学教师，用下流的手段猥亵3名女生的事件。这是一位26岁的老师，姓刘，独身一人在学校里教书，负责教授自然课和体育课。在教学中，竟然对学生做出了这种禽兽不如的事情。最终，他被判了5年徒刑。这是我们刑法中关于猥亵儿童罪的最高刑罚。在学校中出现这种案件已经不是一起两起了。现在，一些学生的"熟人"或"尊敬的人"利用职务之便骚扰、猥亵女学生，甚至强奸学生的事情逐渐增多，四川还发生过这样一件事件，两个教师利用职务之便总共猥亵了43个女生，其行为极其可恶，但是两人所在的学校为了息事宁人，和被害的43名女生还签订一个保密协议，照顾老师的脸面。学生的"熟人"或"尊敬的人"为什么会频频成为校园性侵犯案件中的罪犯呢？一是个别人道德水准低，出于侥幸心理，敢于"冒险"，以求得到满足；二是学生缺少防范意识，不知应如何防范，为犯罪创造了条件。

做这女学生，在生活中，要学会保护自己，避免不幸和意外事情发生。

一、女性青少年要进行有效地防范，应掌握以下要领

1. 平时有较强的防范意识

女性青少年在平常时时刻刻要培养自己防侵害的意识，处处提高警惕，学会自我保护和自我防卫的技巧，才能化险为夷。

2. 相信自己能战胜困难

女性青少年遇到歹徒侵害，危难之际，不要恐慌，无所适从，特别是要保持主见，坚定信心，战胜困难。

3. 选择时机进行有效反击

时机，是指对歹徒不利而对受害人有利的机会。女性青少年在与歹徒搏斗或者周旋的过程中，要瞄准机会，把握时机，乘其不意，攻击不备，突然而迅猛地攻击歹徒的要害部位，将歹徒制服，扭送公安机关，或者为快速逃离现场创造有利条件。

4、选择要害部位进行有力反击

与歹徒的搏斗是一场特殊的反击抗暴的正义斗争，它与一般的民事纠纷中的吵架、打架有本质的区别。因此，选择歹徒的要害部位，把握时机，进行有力的反击自卫很必要。女性青少年，在反击歹徒时，要果断地击中歹徒的要害部位，要勇、猛、狠、巧，迫使歹徒的犯罪目的无法得逞。

要害部位主要包括人体的下列部分。

（1）人体主宰——头部。

头部是人体的指挥机关，直接制约着人体各个部位的行为姿势。其要害在太阳穴、耳门、耳后穴、后脑勺等。这部分受猛烈压迫、

打击可使人目眩、昏迷，重者可致死亡。

（2）人体内脏集中的部位——腹部。

腹部是人体内脏集中的地方，内有肝脏、脾脏、膀胱等重要器官，是腹膜神经末梢集中的部位，触感非常灵敏。这部分受到猛烈压迫、打击，可使人失去正常功能。

（3）人体神经末梢最敏感、最丰富部位——裆部。

裆部是人体神经末梢最敏感、最丰富的部位，这部位受到腿顶、撞击、手抓、足踢，可使人剧烈疼痛，中止继续犯罪的行为。

5. 机智灵活周旋，以柔克刚保护自己

女性青少年遭到侵害时进行有效地防范，不是要求女性青少年在遭遇侵害时，都得与歹徒奋力搏斗，还要求女性青少年机智灵活周旋，以柔克刚保护自己。这两种防范办法究竟采取哪个为好？这要看歹徒的体型与发生袭击的时间、地点、环境条件，以及女性青少年个人的具体情况来决定。决不能一味地硬拼、搏斗，这样做有时会适得其反，事倍功半，激化矛盾，激怒歹徒，使女性青少年遭到更大的侵害，造成伤亡。在条件允许的情况下，要灵活机动，采取规劝、疏导，或者以好言相哄，促使歹徒回心转意，或者造成歹徒误解，而暂时放弃硬性的作案动机、意念和行为，起到事半功倍的效果，达到保护女性青少年安全的目的。这样做，不但保护了自己，而且赢得了抓获罪犯的时机，何乐而不为呢。

6. 寻求帮助，增强防范能力

女性青少年在寻求人帮助时，要弄清楚热心人的真实面目，看他是否具有真心诚意。如果有心怀不轨的人假借关心接近，女性青少年要坚决拒绝，免得想逃出狼窝，却又落入虎口，对自己造成侵害。

总之，女性青少年遭到侵害时，首先要有积极的防范意识，机智灵活，采取有效的防范措施，达到卓有成效的防范目的。

二、女性青少年怎样加强防范才能免于受到强暴

女性青少年加强防范免于受到强暴的要领是：

1. 加强防范意识。

女性青少年着装、举止、行为要端庄沉稳，不要给人以轻浮的感觉，以免给犯罪分子错觉。

传统的犯罪学认为，犯罪是犯罪分子因自己的约束力差而实施的犯罪行为，是一种个人行为。但是，现在通过对具体案例分析，其结果表明犯罪与受害人之间是互动互制的关系。有些人在偶然的情况下，受到某些因素的诱使，逐步走上犯罪。

因此说，女性青少年着装、举止、行为端庄沉稳，在加强防范意识、免于受到强暴上，是至关重要的。

有的女性青少年参加晚宴时，服装特点是薄、露、透，这就容易使人产生歹念。如果有应酬，应酬之后可换一身庄重些的衣服，再回家。这样，就会使女性青少年达到很好的防暴效果。

2. 女性青少年不要使自己处于危险境地

比如，女性青少年单身深夜外出，接触陌生人，坐出租车睡觉，到城郊外等等都是危险因素，女性青少年不要使自己处于这些危险境地，以便给犯罪歹徒提供作案的有利环境和场所。

3. 如果女性青少年已经处于危险境地了，切莫慌张，有危险时正确呼救，尽量周旋，适时逃脱。正确地做到呼救、挣脱、逃跑，起动得越早，效果越好。

当犯罪分子刚刚要实施暴力行为时，女性青少年就要给犯罪分

子以强烈的、坚定的信号——"不行!"这样,就可能产生震慑力量,阻止犯罪分子继续实施犯罪行为。要记住:越往后,就会越困难。要早发出这类"信号",不给犯罪分子喘息的机会。

呼救、逃脱都要采取正确的方法。呼救时,可以高喊:"救命啦!"这类中性的语言,效果好。如果一时跑不掉,也不必害怕、心慌。要沉着、冷静,应当尽量与犯罪分子巧于周旋,在没有找到最佳时机和最佳条件下,女性青少年在行为上切莫轻举妄动,过于激烈,以免刺激犯罪分子产生其他犯罪欲念,如猛烈强制、伤害、杀人等,给女性青少年造成更大的侵害,甚至造成生命危险。

女性青少年逃脱时机的把握非常重要,这就要女性青少年根据当时的情况,灵活机动地创造条件,适时地采取可行措施,达到逃脱的目的,避免强暴。

4. 在女性青少年应学些防身术

自救防暴的过程中,还可以使用一些简单的女子防身术。这就是用自己身体最坚硬的部分打击对方身体最薄弱的部分,特别是要利用双腿的力量征服犯罪分子,以便更好的把握时机,防暴脱逃自救。包括:

(1) 女性青少年用自己的头部猛撞对方的鼻梁;

(2) 女性青少年用膝盖突然猛烈撞击对方的下身裆部;

(3) 女性青少年用手指猛然抠进对方的眼眶;

(4) 女性青少年用拳头猛击对方的太阳穴或者眼部;

(5) 女性青少年用双手手掌打击对方的胸腹部和两肋;

(6) 对方宽衣解带时,是攻击对方和逃脱的最好时机,女性青少年要把握住这一良机,采取进攻对方的措施,然后逃脱;

(7) 女性青少年被压倒在地上时,用双腿猛地踢向对方的腹部,踢开对方。

5. 一旦女性青少年被强暴了，一定要用法律严惩罪犯

（1）要及时报案，这样会有利于公安机关掌握证据，进行破案，打击犯罪分子。受害女性青年最好能在案发24小时内报案；

（2）年龄小的女性少年，受害后要在监护人的带领下报案；

（3）报案前，女性青少年受害人的胸罩、内裤不要洗，以免丧失一些证据。

第十二讲 失足学生的自救

第一节 当自己违反法律时

一些人由于一时冲动，干了违法犯罪的事（也称激情犯罪），事后又特别后悔，很想"将功补过"，做些补偿的事以得到从轻处理。关于犯罪以后如何得到从轻处理，《中华人民共和国刑法》有明确规定。

我国刑法第六十七条规定：犯罪以后自首的，可以从轻或者减轻处罚。其中，犯罪较轻的，可以免除处罚。

我国刑法第六十八条规定：犯罪后有立功表现的，可以从轻或者减轻处罚；有重大立功表现的，可以减轻或者免除处罚。犯罪后自首又有重大立功表现的，应当减轻或者免除处罚。

自首和立功是我国刑法规定的从轻、减轻情节，是属于法定情节。自首应具备以下条件：

（1）自动投案，是指犯罪事实或者犯罪嫌疑人未被司法机关发觉，或者虽被发觉，但犯罪嫌疑人尚未受到讯问、未被采取强制措施时，主动、直接向公安机关、人民检察院或者人民法院投案；

（2）如实供述自己的罪行，是指犯罪嫌疑人自动投案后，如实交代自己的主要犯罪事实。共同犯罪案件中的犯罪嫌疑人，除如实供述自己的罪行，还应当供述所知的同案犯，主犯则应当供述所知其他同案犯的共同犯罪事实，才能认定为自首。被采取强制措施的犯罪嫌疑人、被告人和正在服刑的罪犯，如实供述司法机关尚未掌握的罪行，与司法机关已掌握的或者判决确定的罪行属不同种罪行的，以自首论。

根据刑法第六十八条第一款的规定及相关的司法解释，犯罪分子到案后有检举、揭发他人犯罪行为，包括共同犯罪案件中的犯罪分子揭发同案犯共同犯罪以外的其他犯罪，经查证属实；提供侦破其他案件的重要线索，经查证属实；阻止他人犯罪活动；协助司法机关抓捕其他犯罪嫌疑人（包括同案犯）；具有其他有利于国家和社会的突出表现的，应当认定为有立功表现。共同犯罪案件的犯罪分子到案后，揭发同案犯共同犯罪事实的，虽然不能认定为立功表现，但可以从轻或者减轻处罚。犯罪分子有检举、揭发他人重大犯罪行为，经查证属实；提供侦破其他重大案件的重要线索，经查证属实；阻止他人重大犯罪活动；协助司法机关抓捕其他重大犯罪嫌疑人（包括同案犯）；对国家和社会有其他重大贡献等表现的，应当认定为有重大立功表现。有重大立功表现的，可以减轻或者免除处罚。犯罪后自首又有重大立功表现的，应当减轻或者免除处罚。另外，犯罪后认罪态度好，能如实交代自己的罪行，在量刑时可以作为酌定情节予以考虑。

第二节　当身边人违法时

当身边的人违法犯罪时，无论是朋友同学还是家长亲人，采取的第一个措施就是劝其到公安机关投案自首，切记不可帮助其逃避法律制裁，否则会构成包庇罪。

（一）包庇罪的概念和犯罪构成

包庇罪是指明知是犯罪的人而故意掩盖其罪行不让其受刑事追究的行为。其犯罪构成如下：

1. 本罪的客体

本罪的客体是司法机关惩治犯罪的正常活动。行为人包庇的对象是已经实施犯罪行为的犯罪分子。但毒品犯罪分子除外。根据《刑法》第三四九条规定，包庇走私、贩卖、运输、制造毒品的犯罪分子的，应定包庇毒品犯罪分子罪。

2. 本罪的客观方面

本罪在客观方面表现为掩盖他人罪行不让其受刑事追究的行为。掩盖罪行的手段通常有两种：一是向司法机关作虚假证明。证明犯罪分子无罪。包括向司法机关提供伪造或变造的证据；二是毁灭或隐匿证据。

行为人所包庇的必须是"犯罪的人"，只要作为犯罪嫌疑人而被列为立案侦查对象即为"犯罪的人"。首先，"犯罪的人"应从一般意义上理解，而不能从"无罪推定"的角度作出解释。简言之，虽然包括严格意义上的"罪犯"，但不是仅指已经被法院做出有罪判决的人。其次，已被公安、司法机关依法作为犯罪嫌疑人、被告人而成为侦查、起诉对象的人，即使事后被法院认定无罪的，也属于"犯罪的人"。再次，即使暂时没有被司法机关作为犯罪嫌疑人，但确实实施了犯罪行为，因而将被公安、司法机关作为犯罪嫌疑人、被告人而成为侦查、起诉对象的人，同样属于"犯罪的人"。

帮助犯罪分子逃避处罚罪则是特殊主体，即只能是负有查禁犯罪活动职责的国家机关工作人员。②客观方面的表现形式不同。包庇罪表现为，明知是犯罪的人而作假证明予以包庇的行为，而帮助犯罪分子逃避处罚罪则表现为向犯罪分子通风报信、提供便利，帮助犯罪分子逃避处罚的行为。

4. 包庇罪与徇私枉法罪的界限

根据《刑法》第三九九条第一款的规定，徇私枉法罪是指司法工作人员徇私枉法、徇情枉法，对明知是无罪的人而使他受追诉，对明知是有罪的人而故意包庇使他不受追诉，或者在刑事审判活动中故意违背事实和法律作枉法裁判的行为。

两罪比较相似，在主观方面都是故意犯罪；犯罪主体可能存在着交叉，在客观方面都可能表现为包庇犯罪的人的行为；犯罪行为的实施，都对司法机关的正常活动构成侵犯。但两罪属于性质不同的两种犯罪，两罪的区别主要在于：

①犯罪性质不同。徇私枉法罪属于渎职罪，包庇罪不具有渎职的性质。

②犯罪客体不同。包庇罪侵犯的直接客体是司法机关的刑事追诉和刑罚执行活动，而徇私枉法罪侵犯的直接客体则是司法机关的正常活动。

③犯罪对象不同。包庇的犯罪对象是犯罪的人，而徇私枉法罪的犯罪对象是刑事诉讼活动的当事人，既可能是犯罪的人，也可能是无辜的人。

④客观行为有所不同。包庇行为的实施不涉及利用行为人的职务之便的问题；而徇私枉法行为的实施则须利用行为人自己直接办理或者主管案件的便利条件。此外，包庇罪的客观方面则既可以是

包庇犯罪分子，使犯罪分子不受追诉或者使重罪得到轻判，也可以使无辜者受到刑事追诉或者使罪轻者得到重判。

⑤犯罪主体不同。包庇罪是一般主体，而徇私枉法罪则为特殊主体，即只有司法工作人员才能构成徇私枉法罪。

5. 应当特别注意刑法关于包庇罪的特别规定

按照《刑法》第三六二条的规定，旅馆业、饮食服务业、文化娱乐业、出租汽车业等单位的人员，在公安机关查处卖淫、嫖娼活动时，为违法犯罪分子通风报信，情节严重的，依照《刑法》第三一○条的规定即包庇罪定罪处罚。这种特殊包庇罪的特征在于：①客观方面表现为在公安机关查处卖淫、嫖娼活动时，为违法犯罪分子通风报信，情节严重的行为；②犯罪主体是旅馆业、饮食服务业、文化娱乐业、出租汽车业等单位的人员，包括在上述单位工作或者受雇佣的一切人员；③主观方面是故意，具有使卖淫嫖娼人员逃避查处的目的。

（三）包庇罪的刑事责任

根据《刑法》第三一○条的规定，犯包庇罪的，处3年以下有期徒刑、拘役或者管制；情节严重的，处3年以上10年以下有期徒刑。何谓"情节严重"，目前还没有司法解释，实践中一般将以下几种情况认定为情节严重：包庇重大犯罪的犯罪分子；因包庇致使被包庇的犯罪分子继续犯罪并造成严重的社会后果；多次包庇犯罪或包庇犯罪分子多人等。

案例警告：

《法制日报》报道了这样一起案例。

朱来喜，男，原河南焦作武陟县公安局民警。1999年9月26日上午9时许，46岁的武陟县北郭乡高余会村村民、被告人朱英桃在其家西屋与前来要账的被害人常保连发生争吵并厮打。朱的丈夫夏土金回家看见后即对常进行殴打，朱英桃抓起窗户上的无柄斧头，照常的头部猛击数下，致常昏倒在地，朱、夏夫妇二人即用绳勒常的颈部，用白塑料纸裹住常的头，并用绳捆后将常装入塑料编织袋埋到自家猪圈内。次日上午，被告人朱英桃、夏土金将杀死常保连的犯罪事实告知了曾在武陟县公安局刑警队工作多年、时任县公安局交警队办公室副主任的弟弟朱来喜和在武陟县防疫站当工人的哥哥朱小文以及娘家嫂子郭先桃。朱来喜等人未劝朱英桃、夏土金向公安机关投案自首，却在朱小文家密谋，编造假情节，把朱英桃、夏土金杀人说成是 74 岁的受害人常保连欲强奸朱英桃，朱英桃不从，出于义愤，用斧头把常砸死；进而又指使郭先桃向司法机关出具了夏土金无作案时间的虚假证言；并安排目击人夏某向司法机关作虚假证词；朱来喜又指使夏土金破坏埋尸现场，转移警方侦查视线。由于朱来喜、朱小文、郭先桃的犯罪行为干扰了警方的侦查活动，随后由朱来喜、朱小文带朱英桃到县公安局搞假投案，致使杀人主凶夏土金逃避警方侦查而逍遥法外 1 年之久，而朱英桃于 2000 年 5 月 29 日仅被武陟县人民法院一审以防卫过当从轻判处有期徒刑 5 年。武陟县人民检察院认为一审判决量刑畸轻，于 2000 年 6 月 5 日提起抗诉。焦作市检察院在审查此案时发现疑点甚多，经检察长批准，与公安机关共同组成 20 多名警察参加的专案组展开了缜密的侦查，经过两个多月的艰苦奋战，重新取证千余份，终于使一件杀人埋尸恶性案件大白于天下；同时，也将指使他人作假证、包庇朱英桃、夏土金杀人犯罪的朱来喜、朱小文和郭先桃缉拿归案。

一起恶性杀人案在警察参与策划、编造假证言、搞假自首后险些让杀人真凶免受严惩。经河南省焦作市检察院审查起诉部门认真审查并和公安机关联手作战，终于使这起杀人埋尸恶性案件露出了本来的面目。2001年1月17日，杀人后逃避法律严惩的朱英桃和逍遥法外长达一年之久的夏土金分别被焦作市中级人民法院一审判处死刑、缓期两年执行和无期徒刑。涉嫌包庇犯罪的朱来喜、朱小文、郭先桃也分别被判处有期徒刑。